袁涤非 主编

国礼仪文化丛书

se Etiquette Culture Book Series

商务礼仪

中国礼仪

□ 何芳 宁爱平 申佳 编著

东北大学出版社

© 何 芳 宁爱平 申 佳 2018

图书在版编目（CIP）数据

中国礼仪. 商务礼仪 / 何芳，宁爱平，申佳编著
. — 沈阳：东北大学出版社，2018.4（2025.1 重印）
（中国礼仪文化丛书 / 袁涤非主编）
ISBN 978-7-5517-1867-7

Ⅰ. ①中… Ⅱ. ①何… ②宁… ③申… Ⅲ. ①商务-
礼仪-基本知识-中国 Ⅳ. ①K892.26

中国版本图书馆 CIP 数据核字（2018）第 090619 号

出 版 者：东北大学出版社
　　　　　地址：沈阳市和平区文化路三号巷 11 号
　　　　　邮编：110819
　　　　　电话：024-83683655（总编室） 83687331（营销部）
　　　　　传真：024-83687332（总编室） 83680180（营销部）
　　　　　网址：http://www.neupress.com
　　　　　E-mail：neuph@neupress.com
印 刷 者：三河市万龙印装有限公司
发 行 者：东北大学出版社
幅面尺寸：170mm×240mm
印　　张：12　　　　　　　　　　字　　数：209 千字
出版时间：2018 年 4 月第 1 版　　印刷时间：2025 年 1 月第 2 次印刷
策　　划：郭爱民　　　　　　　　责任编辑：汪彤彤 牛连功
责任校对：杨世剑　　　　　　　　封面设计：琥珀视觉

ISBN 978-7-5517-1867-7　　　　　　　　　　定　价：58.00 元

— 序 —

于治国而言，"治国不以礼，犹无耜而耕也"；于修身而言，"今人而无礼，虽能言，不亦禽兽之心乎？"礼仪是人内在品德修为的外在表现，在中华民族的传统美德中占有十分重要的地位。当前，中国特色社会主义伟大事业已进入新时代。"仓廪实而知礼节"，在经济社会迅速发展、国人物质生活得到前所未有满足的新形势下，礼仪文化建设作为社会主义思想道德建设的重要内容，作为培育和践行社会主义核心价值观的重要手段，弘扬与规范之，可谓恰逢其时。

中华民族是礼仪之邦，以编辑文献的形式约定礼仪规范古已有之。西汉礼学家戴圣编纂的《礼记》（又名《小戴记》《小戴礼记》），选编了秦汉以前的各种礼仪论著（如《曲礼》《檀弓》《王制》《月令》《礼运》《学记》《乐记》《中庸》《大学》等）49篇，既确立了礼仪规范的基本标准（即"傲不可长，欲不可纵，志不可满，乐不可极)，又从道德仁义、教训正俗、分争辨讼、尊卑长幼、宦学事师、班朝治军、莅官行法、祷祠祭祀等方面阐述了礼仪的广泛用途，还制定了大至国家祭祀、小至家庭婚丧之丰富而具体的行为规范，影响中国1700余年。然而，我国现代礼仪文化研究起步很晚，对礼仪文化的研究还处于初级阶段。礼仪文化作为一门内涵小、外延广的边缘学科，还远远不能满足现代文明社会的需求，其科学性、系统性还有待提升到一个新的高度。我和湖南省礼仪文化研究会的各位同人，在从事礼仪文化的研究、教学、培训和推广过程中，常常因文献和教材不足而颇感遗憾。同时，作为礼仪文化工作者，我们也感到自身所肩负的重要责任。因此，我们试图通过撰著"中国礼仪文化丛书"为礼仪文化发展作一些有益的探索，怀抛砖引玉之心，为礼仪文化不断进步略尽绵薄之力。

对礼仪的分类，古已有之。传统礼仪有吉礼、凶礼、军礼、宾礼、嘉礼"五礼"之说。我们选择《公务礼仪》《商务礼仪》《服务礼仪》《医护礼仪》《形象礼仪》《生活礼仪》《言谈礼仪》《餐饮礼仪》《职场礼仪》《涉外礼仪》《儿童礼仪》作为丛书的

11 个分册，一方面是因为这 11 个专题的礼仪具有鲜明的现代社会特点，贴近日常工作和现实生活；另一方面，它们所包含的礼仪文化内涵无疑是现代礼仪的应有之义。当然，这与我们当前对礼仪文化研究业已取得的成熟成果分不开。

丛书的内容选择偏重于实践。其一，注重继承和弘扬中华民族优秀礼仪传统。中华礼仪源远流长，几千年中形成的礼仪传统符合大多数国人的心理定势，其中相当大的部分现在仍然适用。其二，单设分册介绍涉外礼仪内容。全球化是当今世界大势所趋，文化大融合不可逆转。借鉴和吸收世界各地的优秀礼仪文明，有利于在国际交往中传播中华礼仪文化、展示国人礼仪形象。其三，中华人民共和国成立已近 70 年，有必要在社会主义核心价值观和公民道德规范框架下，建立新时代中国特色社会主义礼仪规范体系。我们尝试从贴近大众生活的 11 个方面入手，探索建立一套切实可行的，能提升公民道德修养、提高社会文明程度的礼仪规范，并通过我们的教学、培训和读者的阅读，身体力行予以弘扬。其四，除了社会大众需要遵守的一般礼仪规范，我们还根据部分特定场合、特定人群、特定职业的不同特点，有针对性地总结和制定了一些针对特殊需要的礼仪规范，以增强"中国礼仪文化丛书"的实用性，更好地指导人们把学到的礼仪规范运用到生活和工作中。

参与丛书撰写的 33 位作者，都是湖南省礼仪文化研究会的中坚力量。他们不仅是长期从事礼仪教学、研究的优秀学者，还是在医疗护理、企业管理、市场营销、心理咨询、幼儿教育等一线工作的佼佼者。他们既有较深厚的理论功底，也有丰富的实践经验。丛书凝聚着作者们的智慧及心血。那些娓娓道来的礼仪阐释、生动有趣的礼仪案例、标准规范的礼仪影像，一定能让读者诸君学有所获、学有所用，使大家成为真正有修养、有品位、有风度、有气质，懂得爱己爱人的现代人。

袁涤非

2018 年 4 月于岳麓山下

目 录
Contents

第 三 章　商务社交礼仪

第 四 章 商务仪式礼仪

第 五 章　商务宴请礼仪

第 六 章　商务涉外礼仪

第 一 章

绪 论

在现代社会中，礼仪往往是衡量一个人文明程度的准绳，是一个国家社会风气的现实反映，是一个民族精神文明和进步的重要标志。礼仪已经渗透到社会生活的各个环节、各个领域，无论是对个人、对国家，还是对社会的发展，都起着越来越重要的作用。本章着重介绍了中国礼仪的起源和发展，明确了礼仪的内涵和定义，阐述了礼仪的特征、功能、作用，最后介绍了礼仪的一个重要分支——商务礼仪。

商务礼仪就像是礼仪这棵大树上长出的婆娑枝丫，婀娜多姿，它是人们在商务活动中，用以维护集体形象或个人形象，对于交往对象表示尊重和友好的行为规范与惯例。商务人士要想在商务活动中驾轻就熟，充当公司或企业的无形名片，就要提高对商务礼仪的认识，增强自身的文化内涵修养，注重自己的仪容、仪表、仪态及言行举止，尤其要了解商务礼仪的文化基础和心理基础，以期在商务活动中做到大方得体、言行有度，努力让自己成为内外兼修、游刃有余的商务达人。

第一节　礼仪概述

📋 案例导入

《文汇报》刊登过一篇报道，题目是《一口痰"吐掉"一项合作》，讲的是某医疗器械厂与美国客商达成了引进"大输液管"生产线的协议，第二天就要签字了。可是，该厂厂长在陪同外商参观车间的时候，向墙角吐了一口痰，然后用鞋底去擦。这一幕让外商彻夜难眠，他让翻译给那位厂长写了一封信："恕我直言，一个厂长的卫生习惯可以反映一个工厂的管理素质。况且，我们今后要生产的是用来治病的输液管。贵国有句谚语：人命关天！请原谅我的不辞而别……"一项几近谈成的项目就这样"吹"了。

一、礼仪的起源与发展

中华文明上下五千年，中国素有"礼仪之邦"的美誉。五千年的悠悠岁月中，随着生产力水平的提升、社会的发展，人类社会化属性的日益增强，礼仪文化的内涵日渐丰富，终于达到今日之博大精深。但这种发展并未呈现出直线上升的趋势，其间的曲折跌宕，一如中国波澜壮阔的历史。

（一）礼仪的起源

从原始社会起，礼仪之根就开始萌芽，但当时的礼仪主要是一些礼节。最早的礼节用于对神灵的祭祀，所以就有了"礼立于敬而源于祭"的说法。

原始时期的人类面对变幻莫测的大自然，显得十分稚弱，无法解释千变万化的自然现象和突如其来的自然灾害，因此认为是鬼神、祖先在主宰人类的一切。人们开始用当时的一些精致、豪华的食具作为礼器进行祭祀，以表示他们对神灵、对祖先的敬畏，祈求保佑，祈求平安。这种祭祀活动可以看作礼仪的萌芽。

同时，随着家庭的形成，做父母的要抚养和关爱幼小的尚不能独立生活的子女；子女长大成人之后，则要赡养年迈的父母；兄弟姐妹之间也要互相关爱。早在尧舜时期，"五礼"（即父义、母慈、兄友、弟恭、子孝）

就已形成，这对家庭成员之间的关系做出了明确的规定。这时，礼仪把家庭成员的言谈举止规范化了。

在社会活动中，人与人之间也渐渐形成了最初级、最原始的礼仪。在狩猎、耕种和部落之间的争斗中，同一群体中的人通过用眼神、点头、拉手等来示意互相之间如何配合。日常生活中，人们不自觉地用击掌、拥抱、拍手来表达欢快的感情，用手舞足蹈来表示狩猎获得食物的喜悦。人们之间这种相互的呼应、关照，逐步形成了一种习俗，这便是最初待人接物的礼节（现在的握手礼就始于原始社会），所以，礼仪成为当时人们交往沟通的一种"语言"。

原始社会后期，随着社会的发展，人们在生产和生活中的分工越来越细，于是产生了发号施令的领导者和服从安排的被领导者。为了维护领导者的地位，体现领导者和被领导者的等级差别，出现了尊卑有序、男女有别。例如：左尊右卑；在重大场合上，习惯以主人或东道主的左侧方位为尊位，其右侧为卑位。此时，礼仪又成了维系等级差别的需要，成为领导者教化子民、维持领导地位的工具。

所以，礼仪在萌芽时期，主要用于祭祀、规范家庭成员言行举止、人际交往中待人接物以及维护领导者的统治地位。

（二）礼仪的发展

每当中国进入一次大变革、大发展的历史时期，礼仪也随着时代的变迁而不断演变、充实和更新。漫长的礼仪文化发展史，可以大致分为礼仪孕育时期、礼仪形成时期、礼仪变革时期、礼仪鼎盛时期、礼仪衰落时期及现代礼仪时期。

1. 礼仪孕育时期

礼仪起源于距今百万年前的原始社会时期，随着人类逐渐进化而不断丰富、演变。在原始社会中、后期就孕育出早期礼仪的"胚胎"。比如，距今约 1.8 万年前的北京周口店人，已经会使用穿孔的兽齿、石珠作为装饰品，穿戴在脖子和手上。他们还会向逝去的族人周围撒放赤铁矿粉，以表示对族人去世的哀悼，这也可以说是中国历史上出现最早的宗教葬礼。

2. 礼仪形成时期

公元前 21 世纪至公元前 771 年，中国由金石并用时代进入青铜器时代。金属器皿的使用，把农业、畜牧业、手工业生产带到一个全新的时期。随着生产水平的大幅提高，除消费外，开始有了剩余，于是有了不劳而获的统治阶级与辛苦劳作的被统治阶级，由此产生了阶级对立，原始社会彻底瓦解。

在这个时期，由于中国刚从原始社会进入早期的奴隶社会，尊神活动仍被延续，并有日渐升温的趋势。在原始社会，由于缺乏科学知识，人们对于许多自然现象还不太理解，因此他们敬畏和祭祀"天神""河神"。在某种意义上，早期的礼仪是指原始社会人类生活的若干准则，也是原始社会宗教信仰的产物。

直至周朝，礼仪开始有所建树。周武王、辅佐周成王的周公，对周代礼制的确立都起到了重要作用。他们制作了礼乐，将人们的行为举止、道德情操等全部纳入当时的社会体制中，形成了一个尊卑有序的社会。《周礼》是中国流传至今的第一部礼仪专著，整理了周朝的官职表，用于讲述周朝的典章制度。由此可见，许多基本礼仪在商末周初便已基本形成。

在西周，青铜礼器已开始盛行，它是个人身份的象征——礼器的多寡代表身份地位的高低，显示权力的等级。在当时，贵族身上一般都佩戴成组的玉石，以显示身份地位。同时，尊老爱幼这类深入人心的礼仪规范在西周已蔚然成风，如当时孔子的"入则孝，出则悌，谨而信，泛爱众，而亲仁，行有余力，则以学文"，孟子的"老吾老以及人之老，幼吾幼以及人之幼"等都成为教育后人尊老爱幼的名言警句，至今也是人们的行为准则。所以，西周时期应该是礼仪的形成时期。

3. 礼仪变革时期

春秋战国时期，以孔子、孟子为代表的儒家系统地阐述了礼仪的起源、本质和功能。儒家文化一直主导着我国封建社会，影响达几千年之久。儒家思想宣扬"礼教"，提出以"修身""真诚"为本，认为在各种伦理关系中，对人诚实无妄才是"礼"的最高境界。孔子非常重视礼教，将"礼"作为治国、安邦、平天下的基础，他倡导用"礼"来约束和规范人的行为准则，认为："不学礼，无以立。""君子义以为质，礼以行之，孙以出之，信以成之。君子哉！"意思是说：君子要以义作为根本，用礼加以推行，语言表达要谦和，待人处世态度要真诚，这才称得上是谦谦君子。孟子提出"五伦"（即君臣、父子、兄弟、夫妇、朋友五种人伦关系），倡导父子之间有骨肉之亲，君臣之间有礼义之道，夫妻之间挚爱而又内外有别，老少之间有尊卑之序，朋友之间有诚信之德。这是处理人与人之间关系的道理和行为准则。这一时期，除儒家之外，还有其他思想主张，如：道家崇尚自然无为、独善其身，主张废除一切礼仪；法家推崇强权政治，主张以法代礼；墨家主张平等、博爱、利他，以义代礼。各家的主张虽然不同，但正是这种百家争鸣、各种思想相互吸收和融合，才使礼仪的内涵发生了较大的变革。所以，春秋战国时期是礼仪的变革时期。

4. 礼仪鼎盛时期

公元前 221 年，中国历史上第一个中央集权制的封建王朝——秦朝——建立了。秦始皇在全国推行"书同文""车同轨""行同伦"，成为延续两千余年的封建体制的基础。

西汉初期，思想家董仲舒把封建专制制度的理论更加系统化，提出了"唯天子受命于天，天下受命于天子"。他把儒家礼仪概括为"三纲五常"，即"君为臣纲，父为子纲，夫为妻纲"和"仁义礼智信"。他还提出了"罢黜百家，独尊儒术"的思想，让儒家礼教成为了定制。

汉代，一部包罗万象、堪称集上古礼仪之大成的《礼记》问世，它把奴隶社会和封建社会的礼仪汇集成册，成为封建时代礼仪最经典的著作。其中，有讲述古代风俗的《曲礼》，有谈论饮食和居住文化的《礼运》，有记录家庭礼仪的《内则》，有记载服饰礼仪的《玉澡》，有论述师生礼仪的《学记》，还有教授人们道德修养的《大学》。《礼记》对礼仪分类论述，内容十分丰富。

唐宋时代，《礼记》已由"记"上升为"经"，出现了以儒家思想为基础，融合道学、佛学思想的理学，朱熹便是其中的主要代表人物。他指出："仁莫大于父子，义莫大于君臣，是谓三纲五常之本。人伦天理之至，无所逃于天地间。"这一时期对于家庭礼仪的研究也是成果颇丰。在大量的家庭礼仪著作中，《朱子家礼》《司马氏书仪》最著名。前者相传为朱熹所著，后者为司马光撰写。

所以，这一时期的礼仪研究硕果累累，礼仪形式的发展也日趋完善，忠、孝、节、义等礼节也日趋繁多。无论是内容还是形式，礼仪都进入了鼎盛时期。

5. 礼仪衰落时期

清朝入关后，开始逐渐接受汉族的礼制，并使其复杂化，让礼仪变得死板、烦琐。如清代的品官相见，当品级低者向品级高者行跪拜礼时，一般是一跪三叩，甚至三跪九叩。清代后期，贪污腐败盛行，官员腐化堕落，封建社会由盛转衰。随着洋务运动的兴起，西方礼仪开始传入中国，而西方礼仪与中国推崇的礼仪思想有很大的差异。所以，这一时期中国的传统礼仪规范无论是内容还是形式，都受到了西方礼仪的强烈冲击，出现了"大杂烩"式的礼仪思想，封建礼教开始土崩瓦解。

6. 现代礼仪时期

清末，鸦片战争打开了中国长期封闭的大门，国人开始了解西方的政治、经济、文化。大批爱国人士为寻找富民强国的道路，在把西方的文化、科技引入中国的同时，也把西方礼仪介绍进来。辛亥革命之后，封建王朝覆灭，中国人民为摆脱封建礼教的束缚而不断地进行变革。直到1949年10月，中国进入一个崭新的时期，封建礼教被彻底废除，逐步形成了现代礼仪。

改革开放以来，随着中国与世界各国交往的日趋频繁，在我国传统礼仪的基础上，融入了西方先进的礼仪文化，形成了中国特色的新型社会关系和人际关系，那就是：平等相处，团结友爱，互帮互助，礼尚往来。礼仪从内容到形式都在不断变革，构成了社会主义礼仪的基本框架，现代礼仪进入了全新的发展时期。2005年，中央电视台一系列"迎奥运，讲文明，树新风"公益广告热播，各行各业的礼仪规范纷纷出台，如政务礼仪、商务礼仪、服务礼仪、教师礼仪、医护礼仪、国际礼仪等，社会上还出现了各种针对不同年龄、不同阶层的礼仪培训机构，如儿童礼仪、中学生礼仪、大学生礼仪、求职礼仪、职场礼仪等，人们越来越深刻认识到"不学礼，无以立"的道理，学习礼仪知识的热情日益高涨。

2017年10月18日，习近平总书记在党的十九大报告中强调："要提高人民思想觉悟、道德水准、文明素养，提高全社会文明程度。广泛开展理想信念教育，深化中国特色社会主义和中国梦宣传教育，弘扬民族精神和时代精神，加强爱国主义、集体主义、社会主义教育，引导人们树立正确的历史观、民族观、国家观、文化观。深入实施公民道德建设工程，推进社会公德、职业道德、家庭美德、个人品德建设，激励人们向上向善、孝老爱亲，忠于祖国、忠于人民。"这是我们构建当代礼仪文化的指南。我们应遵循"取其精华，去其糟粕"的原则，将传统礼仪文化的精髓融入现代文化的体系，以社会主义核心价值观的构建为契机，促使礼仪意识变为礼仪行为。

二、礼仪的内涵与特征

礼仪无处不在，渗透于工作、生活的方方面面，不仅有时代的烙印，而且还会呈现出一些行业的特点与要求，但其基本的内涵始终是较稳定的。

（一）礼仪的内涵

在古代，礼仪指的是为敬神而举行的各种仪式。如《诗经·小雅·楚茨》中"献醻交错，礼仪卒度"，讲的是古代在酒宴中主宾敬酒交互错杂，礼仪合乎法度。《周礼·春官·肆师》中"凡国之大事，治其礼仪，以佐宗伯"，意思是凡是涉及国家的事务，都应讲究合乎礼仪，用礼仪来辅助宗伯。这时对礼仪的基本定义是"致福曰礼，成义曰仪"，由此可知，当时的礼仪是为维护封建统治阶级而制定的基本制度和行为规范。

在现代，通常所说的礼仪是一种待人接物的行为规范，是一种交往的艺术表现。它是人们受历史传统、风俗习惯、宗教信仰、时代潮流等因素影响而在长期社会交往中形成的。礼仪既为人们所认同，又为人们所共同遵守，是在建立和谐关系的基础上各种符合客观要求的行为准则和规范的总和。但无论是古代还是现代，礼仪的内涵都具体表现在礼貌、礼节、仪表、仪式等方面。

礼貌，是指人们在彼此交往过程中表示尊敬、重视和友好的言谈举止。比如，我们经常会用"这个孩子真有礼貌"来表扬一个孩子主动与客人打招呼的举动。礼貌是以尊重他人、不侵害他人利益为前提的，是表达人与人之间和谐相处的意念和行为，如尊老爱幼、尊师重教、乐于助人、热情好客等。

礼节，是指人们在日常交际活动中，相互表示尊重、祝愿、问候、致意、慰问等待人接物方面的形式，如拜会、握手、馈赠、吊唁等。

仪表，是指人的外表、穿着，它主要指美的外在形象，引申为人的精神状态，如容貌、服饰、表情、姿态、风度等。

仪式，是指在一定场合举行的具有专门程序和形式的社会活动，如升旗仪式、奠基仪式、开学典礼、毕业典礼、剪彩仪式等。

所以，现代礼仪是人们在社会交往活动中，为了相互尊重，在仪容、仪表、仪态、仪式、言谈举止等方面约定俗成、共同认可的行为规范。

"礼"是内在的,是人们对自己、对他人表示尊重和敬意的态度;而"仪"是外在的,是人们通过一定的动作、形式等表现出来的"礼"。"礼"是一种观念、一种意识、一种态度,而"仪"是外在的表现形式。"礼"字解决了,"仪"字迎刃而解;"礼"字不解决,即使懂得一些形式上的东西,也难以将其落实在行动上而形成习惯。"态度决定一切""心有敬而形于外"就是这个道理。

(二) 礼仪的特征

同一历史时期,不同国家、民族、地域会有不同的礼仪规范,所谓"百里不同风,千里不同俗"。不同的历史时期,礼仪更会打下那个时代的烙印。礼仪的内容虽然存在差异,但其基本特征是一致的,主要表现为以下四个方面:

1. 继承性

礼仪,是一种文化修养,是人类在长期的共同生活和交往中,为维持正常生活秩序而逐渐演变或约定俗成的。在这个过程中,传统礼仪中那些烦琐、保守、与社会发展不适应的内容被不断摒弃,只有那些体现了人类精神文明和社会进步的精髓才得以世代传承。比如生活中我们常说"礼尚往来""来而不往非礼也",说话要谦恭、和气、文雅,仪态要大方、恭敬、从容,仪表要端庄、得体、简洁,对待他人要知晓爱亲、敬长、尊师、亲友之道,等等。古往今来,这些优良传统在古代适用,在当今社会也同样适用,并已成为人们生活中的一种习惯和规范。所以,无论世事如何变迁,一些好的思想观念、礼仪传统总会代代相传,被延续继承。

2. 差异性

礼仪,作为一种共同遵守的行为规范,在实际应用中还会受到时间、地域、环境及各种因素的制约,具有很大的灵活性。任何国家、民族、地区都有其礼仪的特色,这是按照地域和群体来划分的,也是礼仪的一个十分重要的特点。一方面它表现在某个地域中或某类群体中具有共同的礼仪习俗;另一方面又说明地域与地域之间、群体与群体之间的礼仪习俗有不同的地方。各自不同的文化背景和历史原因等多方面因素造成了这种不同,也由此产生了多姿多彩的礼仪文化。比如,西方人在见面礼仪中讲究拥抱,提倡"女士优先";但东方人大多将握手作为见面的礼节。有的地方把抚摸小孩的头当作亲切的表示,而有的地方却认为这是极无礼的行为。在庆典活动中,有的民族喜欢跳舞,有的民族喜欢唱歌,有的民族喜欢泼水。所以，每到一个新的地方，最好先了解一下当地的礼仪习俗，以便入乡随俗，这样更能体现对交往对象的尊重。

同一种礼仪，对不同年龄、不同性别、不同职业的人也会有不同的呈现方式。例如，同样是打招呼，男性之间与女性之间的问候方式会不同，老朋友之间与新朋友之间的问候方式也不同。再如，同样的话语，站在不同角度表述也会不同，对年轻人来说可能没有什么，可是对中老年人来说就可能会伤害他；对同性来说很正常，对异性来说可能就失礼了。正因为礼仪存在如此大的差异性，所以要求我们在不同的时间、场合都运用相应的礼仪来展现自己的风采，而不是生搬硬套、千篇一律，把礼仪变成一种死板的教条，那样反而会失礼了。

3. 针对性

人际交往讲究公平公正、一视同仁，但更讲究对等原则，即"投之以桃，报之以李""礼尚往来"，所以礼仪礼节具有很强的针对性。如公务接待时，应当派出与对方身份、职位基本相同的人员进行接待，迎送人员数量要适宜，不可过多或过少，基本上与对方对口、对等。一个单位的处长出访另一个单位时，被访单位也应由处长出面接待，至少要安排会见。

4. 规范性

礼仪是人们在交际场合待人接物时所必须遵守的行为规范。"必须遵守"，就是不能依据个人的意愿随意改变。它已经成为人们彼此交往的"通用语言"，成为衡量他人和判断自己是否自律敬人的标尺。如果人们能自觉地遵照并维护这一准则，那么便是符合礼仪要求。如果总是自作主张、一意孤行，或者一味按照自己的喜恶行事，那么就会给他人造成许多困扰。例如，别人握手时伸出右手，而你偏伸出左手；在宴席上，别人都在小口品酒，而你却大口干杯；开会时别人都把手机调至静音或震动模式，你的手机铃声却不时响起……这种偏离常规的做法，轻则造成沟通的障碍，使别人不清楚你要表达的意思；重则令人觉得你对他人失敬。所以礼仪一旦约定后必须俗成，具有强制性和规范性。

三、礼仪的原则与功能

礼仪是约定俗成的行为规范。既然是规范，当然有一定标准和尺度来衡量其是否规范。礼仪的规范很多，可以说是包罗万象，因为它涉及生活和工作的方方面面。但只要掌握了一些基本原则，复杂的问题也就简单化了。

（一）礼仪的原则

讲礼仪，应遵循以下四条原则：

1. 尊重原则

礼仪的核心是尊重，诚如孟子所言："尊敬之心，礼也。"所以，礼仪的实质只有一个字——"敬"。"敬"字包含两层含义：一是"尊敬"，即尊敬长辈、尊敬师长、尊敬交往对象、尊敬所有人，尊敬他人就是尊敬自己；二是"敬畏"，即敬畏制度、敬畏法律、敬畏生命。敬畏制度，你上班就不会迟到，因为你知道，这是最基本的劳动纪律；敬畏法律，你就不会做违法乱纪的事情，绝不触碰法律底线；敬畏生命，你就不会"酒驾"，就不会做危及他人生命的事情。一个人如果有了"尊敬"之心、"敬畏"之意，就一定会是一个有道德有修养、懂得爱己爱人的人。

尊重原则要求人们在人际交往中与交往对象相互尊敬、相互谦让、和睦相处。"尊重"二字，在实际生活中体现为：尊重上级，是一个人的天职；尊重下属，是一个人的美德；尊重客户，是一个人的风度；尊重所有的人，是一个人的教养。人际交往中，不管年龄大小、职务高低，都应当受到尊重。对待他人要有敬重的态度，不可失敬于人，不可伤害他人的尊严，更不可侮辱他人的人格。特别是对待自己的下属和晚辈，有时他们做错了事，虽然可以严厉批评，但切不可表现出任何的不屑和鄙视，否则你也不可能得到他们的尊重。如果遇到对方有意伤害自己尊严，要坚决维护。所以，人与人之间相互尊重，是人际关系中讲究礼仪的基本出发点。尊重原则也就成了礼仪的核心原则。

2. 遵守原则

礼仪是社会生活的行为准则，它反映了人们的共同意识。世界上各民族、各阶层、各党派、各国家，都应当自觉维护、共同遵守礼仪。尤其在公共场所，更要遵守礼仪规范，否则将受到公众的批评和指责。例如，在马路上，要遵守行人走人行道，骑自行车走右侧自行车道，遇红灯要止步、见绿灯才通行等规则。在日常交往中，尤其是拜访他人或求人办事之时，要遵时守约、诚恳待人。

3. 适度原则

俗话说"礼多人不怪"，但在实际生活中，礼多了人也怪。热情过度、礼节繁多，会显得太过迂腐，反而让人反感、厌恶。例如，招待宾客时，周到地为客人端茶添水，请人就座，这都在情理之中；但如果宾客第一次来访，用餐之后起身告辞，主人却硬要留人夜宿，反而会显得太过热情，让人为难，甚至会引起对方的反感。因此，人际交往中言行举止既要合乎规范，又要得体适度。俄国短篇小说家契诃夫《小公务员之死》中的主人公"小公务员"，就是礼仪不适度的典型案例。

4. 自律原则

个人是礼仪行为的实施者，应当首先"从自我做起"，要人前人后一个样，要一视同仁，才能创造出自然和谐的相处氛围。礼仪规范不是用来约束别人的，而是用来修正自己的言行，不断完善自我的行为准则。如果一味地苛求别人而放纵自己，只会变成"孤家寡人"。因此，在学习、应用礼仪过程中，最重要的是要自我要求、自我约束、自我检视、从我做起。要加强自身修养，完善个人人格。古人常将"慎独"二字写成书法作品挂在书房作为一种修身养性的方法，就是时时提醒自己独处时也要"谨小慎微"。其实，不断地自律就逐渐形成了习惯，所谓"习惯成自然"就是这个道理。养成良好的习惯，既可消除自我约束的感觉，也可使自律成为自觉。

（二）礼仪的功能

礼仪是人类精神和物质文明成果的精髓，内容丰富，应用广泛，无论是对社会的和谐进步，还是对经济的发展，都有极大的促进作用，具体体现在以下几个方面。

1. 教育作用

礼仪以一种道德习俗的方式对社会中的每一个成员发挥维护社会正常秩序的教育作用。人们通过礼仪的学习和应用，建立新型的人际关系，从而在交往中严于律己、宽以待人，互尊互敬、互谦互让，讲文明、懂礼貌，和睦相处，形成良好的社会风尚。陶行知校长用四块糖果教育学生要守时，要勇于承认自己的错误，要懂得尊重他人的故事就是在用礼仪教育人、塑造人。

2. 美化作用

礼仪之美在于它帮助人们美化自身、美化生活，从而美化整个社会。个人形象，包括仪容、仪表、仪态、谈吐、教养等，在礼仪方面都有各自详尽的规范，因此学习和运用礼仪，有益于人们更好地、更规范地设计和维护自身形象，充分展示个人的良好教养与优雅风度。如面带微笑、有礼貌地跟人打招呼，不小心碰撞他人时说声"对不起"，大庭广众之下轻声细语，这些都能展现自己美的形象。作为社会成员的每个人变美了，整个社会也就变美了。

3. 协调作用

礼仪作为人们在社会生活中逐渐形成的行为规范和准则，它约束着人们的态度和动机，规范着人们的行为方式，维护着社会的正常秩序，协调着人与人之间的关系，在社会交往中发挥着巨大的作用。比如，上班前向父母打个招呼，见到同事热情问好，这些看似细小的礼节礼貌，会像一条美丽的纽带，把自己同对方紧密地联系起来，协调与他们之间的关系，从而获得周围人的认可与赞美，营造良好的人际交往氛围，让生活环境更加舒心、更加和睦。

4. 沟通作用

自觉遵循礼仪规范，能使交往双方的感情得到良好的沟通，在向对方表示尊重、敬意的过程中，获得对方的理解和尊重。例如，在社交场合司空见惯的握手礼，是古时人们为了表示友好，扔掉手上的工具，摊开手掌，双方击掌，示意手中没有任何武器，不会攻击对方。后来逐渐演变成双方握住右手，相互寒暄致意的见面礼节。这样的无声语言，起到了互致友好、沟通情感的作用。

习近平总书记在党的十九大报告中指出："社会主义核心价值观是当代中国精神的集中体现，凝结着全体人民共同的价值追求。要以培养担当民族复兴大任的时代新人为着眼点，强化教育引导、实践养成、制度保障，发挥社会主义核心价值观对国民教育、精神文明创建、精神文化产品创作生产传播的引领作用，把社会主义核心价值观融入社会发展各方面，转化为人们的情感认同和行为习惯。坚持全民行动、干部带头，从家庭做起，从娃娃抓起。深入挖掘中华优秀传统文化蕴含的思想观念、人文精神、道德规范，结合时代要求继承创新，让中华文化展现出永久魅力和时代风采。"文明礼貌、助人为乐、爱护公物、保护环境、遵纪守法是中华优秀传统文化蕴含的思想观念、人文精神、道德规范。礼仪修养既属于道德规范体系中的社会公德，是社会主义精神文明的内容；也符合千百年来优良传统的习惯，是适应最大多数人需要的道德伦理规范。因此，礼仪是和谐社会的基本要求，是人们希望有安定和平生活环境、有正常社会秩序的共同要求，更是和谐社会中全体公民为维系社会的正常生活而共同遵循的最基本的公共生活准则，是不可或缺的行为规范。

第二节　礼仪与商务礼仪

💬 案例导入

有两位商界的老总，经中间人介绍，准备谈一笔生意，这是一笔双赢的生意，而且做得好的话，前景不可估量。看到合作的美好前景，双方的积极性都很高。A老总首先拿出友好的姿态，主动来到B老总的公司，恭恭敬敬地递上了自己的名片。B老总单手把名片接过来，一眼没看就放在了茶几上，接着他拿起茶杯喝了几口水，随手又把茶杯压在了名片上。A老总看在眼里，明在心里，随口谈了几句话，就起身告辞了。事后，他郑重地告诉中间人，这笔生意他不做了。当中间人把这个消息告诉B老总时，他简直不相信自己的耳朵，一拍桌子说："不可能，哪有人见钱不赚的？"立即打通A老总的电话，一定要他讲出个所以然来，A老总只得道出了实情："从你接我的名片的动作中，我看到了我们之间的差距，并且预见未来的合作还会有许多的不愉快，因此，还是早放弃的好。"B老总听了这些话，放下电话后，痛惜丢掉了的生意，更为自己的失礼感到羞愧。

一、商务礼仪的含义与内容

礼仪是每个人都应该遵循的共同认可的行为规范。但不同行业的人，工作中会有本行业的一些礼仪规范，或者在运用礼仪知识时，会有一些对本行业的侧重。

商务是指一切与买卖商品服务相关的商业事务。商务礼仪是人们在商务活动中，用以维护企业形象或个人形象，对于交往对象表示尊重和友好的行为规范和惯例，是礼仪在商务场合中的运用和体现。简单地说，商务礼仪就是人们进行商务活动时所遵循的约定俗成的行为规范和交往艺术。它体现在商务活动的每一个细节之中。

随着经济全球化、国际文化交流和国际贸易在世界各地的不断深入开展，商务礼仪已经成为现代社会商务活动中必不可少的行为准则，越来越受到商务人士的重视。一个在商务活动中懂得礼仪的人，有助于他在众人面前树立良好的个人形象；在商务活动中重视礼仪，不仅能帮助企业赢得较高的美誉度，而且能大大提高企业的核心竞争力。

商务礼仪的具体内容包括：商务形象礼仪、商务交往礼仪、日常生活礼仪以及商务场合中的办公礼仪、活动礼仪等。

二、商务礼仪的功能

当今社会，商务竞争非常激烈，行业内部以及相近行业间的产品和服务趋同性不断增强。"软实力"更能让企业或公司脱颖而出，具有竞争力和生存力。而作为软实力中的商务礼仪的功能，已经越来越引起管理者和商务人士的重视。

（一）塑造形象的功能

当今社会，个人形象不仅代表自己，而且代表一个公司或企业的形象。在商务活动中，商务礼仪不仅有助于树立良好的个人形象，帮助建立良好的商务关系，更有助于树立优秀的企业形象，为企业带来良好的社会效益，从而获得社会各方的信任和支持。所以，不论是仪容、仪表还是仪态，商务人士都要十分重视自身形象的塑造。出席活动时的着装、迎来送往时的言谈举止都是需要非常重视的细节。具体运用时，还要做到因时制宜、因地制宜、因人而异。

（二）沟通、协调功能

在商务交往中，由于每个人都有自己的情感、观点、态度和立场，面对同一个问题时，往往会有不同的理解、期望值和处理方式。此时，如果不能有效地进行沟通与协调，双方可能会产生误解与隔阂，或发生言语上的冲突，从而影响商务交往的正常开展，影响双方交往目标的达成，还有可能引起误会。这样势必不利于企业口碑、形象的建立，长久下去，会影响企业或公司的利益与长期发展。

而商务礼仪有助于双方找到利益的平衡点，通过一些有效沟通情感的方法，如拜访、礼品馈赠、冷餐会、晚宴等，在轻松愉快的氛围中，消除差异、化解矛盾、协调关系、增进理解、建立友谊、实现双赢。

（三）创造价值功能

如今，在知识经济的大环境下，提供同类产品的企业（公司）有很多，怎样为企业（公司）创造更多的价值、留住更多的客户，是每个商务人员要面对、思考的问题。无论是个人还是企业，既要拥有出色的专业技能，又要具备包括礼仪在内的"软技能"，才能为企业创造更多的价值，这是毋庸置疑的。

三、商务礼仪的原则

商务活动的内容包罗万象，参与活动的人员也是背景、习惯各不同，遇到的商务情况也会有所不同，所以，在商务场合，想要充分发挥商务礼仪的作用来建立良好的商务合作关系，就应当遵循商务礼仪的原则。

（一）注重形象

一个人的仪表、仪容、仪态已经不仅仅代表着个人形象，更是企业、公司的名片。所以商务人员要穿衣讲究、言谈得体、举止大方。

（二）遵时守信

时间就是金钱，时间就是效益，时间就是生命。在商务活动中，非常看重时间观念，一切与时间有关的约定一定要遵守。例如，按时出席会议、按时回复客户的要求、按时到达指定的地点等。

常言道："言必信，行必果"，遵守时间也是守信的表现。只有这样，才能赢得交往对象的信任与尊重。

（三）以右为尊

国际通行的做法是"以右为尊"，所以在相关的商务活动中，凡有必要确定尊位和位次排序的情况，都应遵循此原则。

（四）职位优先

在商务活动中，职位的高低与资历的深浅是判断其优先权的主要依据。如年轻者的职位高于年长者的职位，则年轻者为尊。所以，职位优先原则也是商务活动中位次排序的主要依据。

（五）平等尊重

子曰："己所不欲，勿施于人。"在商务活动中，人格的平等和相互尊重是礼仪的基础，要尊重交往对象的隐私、喜好与禁忌，如政治倾向、风俗习惯、宗教信仰等。劝酒也要适度，点到为止。

（六）适度灵活

商务人士在实际运用商务礼仪时，如果做不到位或做过了头，非但表达不出对人的敬意，还会适得其反。只有灵活地入乡随俗，懂得变通，不生搬硬套、墨守成规，才能体现用心处事之道，也可以迅速拉近彼此的距离，达到事半功倍的效果。

（七）自律原则

在商务活动中，要做到应对自如、游刃有余，还必须要自律与自重，认真审视自己的一言一行、一举一动，改正不足，内心树立道德信念和行为修养准则，以此来约束自己的行为。一个在宴会上好酒贪杯的人、在公共场合大喊大叫的人，都不会成为商界精英人士。

当然，商务礼仪应遵循的原则有很多，不仅要注意外在形象，更要修炼内涵修为。要做一个有心、用心、细心、真心的商务人士。这样才能更快人一步、先人一步地走向成功。

第三节　商务人员的礼仪修养

案例导入

蔺相如是春秋战国时期赵国的大臣，他很有见识和才能。在"完璧归赵""渑池相会"两次外交斗争中，捍卫了赵国的尊严，地位在名将廉颇之上。这使廉颇很不服气，他对别人说："我廉颇攻无不克、战无不胜，为赵国立下了赫赫战功。蔺相如只凭一张嘴巴，说说而已，有什么了不起，反而爬到我的头上。我必须要侮辱他一番。"

蔺相如听说后，尽量不跟廉颇会面，每次出门，避开廉颇，有时甚至装病不去上朝。

有一次蔺相如外出，远远看见廉颇的车马迎面而来，连忙叫车夫绕小路而行。蔺相如手下的人对他这样卑躬让步的做法感到委屈，纷纷要求告辞还乡。蔺相如执意挽留，并耐心地向他们解释："诸位认为廉将军和秦王相比，哪个厉害？"众人都说："当然廉将军不及秦王了。"蔺相如说："对啦，天下的诸侯个个都怕秦王，但是为了赵国，我敢在秦国的朝廷上斥责他，怎么会见到廉将军反而害怕了呢？你们的心情我是理解的，但是，你们想过没有，强大的秦国之所以不敢攻打赵国，就是因为赵国有我和廉将军两人的缘故。如果两虎相斗，势必两败俱伤。我不计个人恩怨，处处让着廉将军，是从国家的利益着想啊。"听了这番话，大家都消了气，打消了告辞还乡的念头，反而更加尊敬蔺相如了。

之后，有人把蔺相如的话告诉了廉颇，廉颇大受感动，惭愧万分，觉得自己心胸竟然如此狭窄，实在对不起蔺相如，决心当面请罪。

一天，他脱下战袍，赤身背着荆条，来到蔺相如的府第，跪在地上，老泪纵横，泣不成声地对蔺相如说："我是一鄙陋的粗人，见识浅薄，气量短小，没想到您对我竟这么宽容，我实在无脸见您，请您用力责打我吧！就是把我打死了，也心甘情愿。"蔺相如见到这情景，急忙扶起廉颇，两人紧抱在一起。

从此，两人消除了隔阂，加强了团结，同心协力，保卫赵国，强大的秦国更加不敢轻易地侵犯赵国了。

"做事先做人，做人先修身。"中国自古就有这样的说法，至今，我们还是应该按这样的说法行事，它也永不过时。修养之于人是内心的博爱与忍让，是为人的自信与谦恭，是情感的丰盈与独立，是不苛刻的审度万物，更是懂得得失之间慧心的平衡与选择。一个人的修养伴随着人的一生，并随着年龄的增长而日渐完善。在现代社会，一个人的修养好与坏，在一定意义上对个人成功有决定性的作用。

一、道德修养

商务人员的道德修养，是商务人员为了群体利益而约定俗成的在商务活动中应该做什么、不应该做什么的行为规范。比如，它包括最基本的文明礼貌、爱护公物、保护环境、遵纪守法、助人为乐等，这也是对社会应承担的责任与义务。

一个商务人士的道德修养应体现以下这几个方面：诚实守信，谦恭虚心，刚强正直，善良温厚。

礼仪小故事

陈玉成是湖南岳阳成成油化科技有限公司董事长。2007年5月，岳阳市云溪区委书记到湘潭招商引资，当时还是昭山油化总经理的陈玉成和另一家企业的老板应邀到云溪工业园考察，并于当年10月与云溪区委、区政府达成初步投资意向。不料风云突变，2008年10月，当云溪工业园完成项目选址和土地"六通一平"时，碰上全球金融危机爆发，公司主打产品脂肪酸价格暴跌。同陈玉成一起来工业园投资的另一家企业，退掉买好的地皮打道回府。

是否继续履约来云溪投资？陈玉成面临巨大压力。家属和公司职工都劝他慎重考虑。但陈玉成说，既然云溪区委、区政府对我们投资商履行了口头承诺，我们没有理由不"守诺"。他毅然说服家人和职工，连续3年将湘潭市株易路口的商铺、旅馆、工厂、仓库、住房等，全部"忍痛"卖掉变现，投入岳阳"成成油化"项目建设。2009年，又以"昭山油化"作抵押，向银行贷款1000万元，个人及亲友自筹2000多万元投入项目建设，确保项目如期开工投产。

陈玉成把诚信看得比生命还珍贵，在创业22年的历程中，不管是对朋友还是对客户，哪怕是口头承诺，他也从不失信。

2010年6月，广西临桂县客商李某提前支付公司20万元货款，提货时因超载，只装了16万元货物。得知情况，陈玉成马上安排财务联系李某，可李某仍坚持没有多付款。一周后，陈玉成自己联系李某，要求他仔细核查，并对他说："我们公司有规定，多收的钱一分都得退回，我不能说话不算数呀！"李某收到4万元退款后，连声道谢。

陈玉成始终认为，保证产品质量是最大的诚信，因此，优质环保一直是其公司放在第一位的追求。其公司为客户提供高品质、高纯度的脂肪酸系列产品，用诚信和实力赢得广大用户的好评。陈玉成还从市场调研、开发设计、生产控制到销售，建立完善的质量环保保障体系，并成立重大质量环保安全领导小组，由他自己管理。他督促大家将环境友好、资源节约、科技创新举措落实到公司设计、施工、生产、销售全过程。他带头自主研发"从废弃的动植物油中制备油酸和棕榈酸的方法"等，获得3项发明专利。目前，公司生产过程中所产生的"三废"均按国家环保标准治理并达标排放，没有形成二次污染。

陈玉成设在云溪工业园的公司自成立以来，产品质量从未发生过"客户投诉""退货"事件。目前，公司已壮大成为中南地区行业内产能最大、品种最齐、质量最好的企业之一。公司产品销售覆盖全国27

个省、区、市，并打入了北美及东南亚市场。

因为讲诚信，陈玉成在商海搏击中一路"绿灯"，由小到大，投资一个项目成功一个，新研发一个产品俏销一个。他还上了"中国好人榜"，被评为"诚实守信好人"。

二、文化修养

人类社会已经步入一个知识大融合、大数据的时代，知识已经越来越重要，它是一个人智慧和才能的基石。渊博的人文知识是一个人修养的底蕴，它能提高人的修养，提升人的气质，锻造人的品格；扎实的专业知识决定着一个人从事本职工作的能力。文化修养越广博深厚，适应能力、工作能力就越强，作为商务工作者，就越能适应现代商务交际的需求。

"腹有诗书气自华"，商务人员的文化素养是树立个人以及企业良好形象的基础。一个有理想的商务工作者不仅要学习礼仪知识、经济学、民俗学、行为科学、地理学、心理学等知识，还应具备必要的商贸理论和经济理论知识，精通各国、各地区的文化习俗和礼节。

在一次印度官方代表团前来中国某城市进行友好访问时，为了表示中方的诚意，有关方面做了用心准备，就连印度代表下榻的饭店里也专门换上了宽大、舒适的牛皮沙发。但是，在中方的外事官员事先进行例行检查时，这些崭新的牛皮沙发却被责令立即撤换掉。原来，印度人大多信奉印度教，而印度教敬牛、爱牛、奉牛为神，因此无论如何都不应请印度人坐牛皮沙发。

三、心理修养

心理学研究人的心理活动及其一般规律，它是礼仪活动的一个基础。而人是交际活动的主角，每个人都有特有的性格与气质，只有掌握一定的心理学知识，才能更好地学礼、知礼、懂礼、习礼、用礼。而商务礼仪行为的发生，也必然会带来人的心理变化。洞察人心，尊重人格，是礼仪与心理学共同的主旨。

一名成熟的、成功的商务人士应该具备这样的个性特点：活泼、大方、坚强、谦虚、谨慎、有幽默感。

还要具备良好的心理素质。首先，要自信，有信心。相信自己的实力和优势，相信集体的智慧力量，相信只要努力就会有光明的前景。其次，要情绪稳定，稳定的情绪能够有效地进行倾听，并能给对方留下稳重、牢靠、踏实的感觉，增加自己在商务交往中的可信度。再次，要意志力坚强，有耐心。在商务交往中，难免会由于双方利益的冲突而形成紧张、对立、僵持、争执的场面，商务人员要具备良好的礼仪素养，闻变不惊，举止有度。最后，要懂得尊重。在维护己方的尊严和利益的同时，还要尊重对方，尊重对方的利益、意见及其宗教信仰、生活习惯、文化礼节等。

礼仪小故事

周恩来是一位博学多谋、辩才杰出、富有幽默感的人。在长期对外交际中，他一次次地巧解人意，化险为夷，深受众人的敬佩。

一次，他接见美国记者，对方不怀好意地问："总理阁下，你们中国人为什么把人走的路叫马路呢？"他听后没有急于用刺人的话反驳，而是妙趣横生地说："我们走的是马克思主义之路，简称马路。"对方又问："总理阁下，在美国，人们都是抬头走路，而你们中国人为什么都要低着头走路呢？"他又微笑道："这个问题很简单嘛，你们美国人走的是下坡路，当然要仰着头走路，而我们中国人走的是上坡路，当然要低着头走路了。"寥寥数语，使对方哑口无言。

1972 年 2 月，周总理陪美国总统尼克松参观我国自行设计和施工的南京长江大桥。当踏上引桥时，尼克松突然问："总理阁下，请问南京长江大桥每天有多少人经过？"

"总统阁下，南京长江大桥每天有 5 个人经过。"看到对方发怔的样子，他又自豪地解释："每天经过南京长江大桥的人是工、农、兵、学、商，不是 5 个人吗？"尼克松听后，"啊"了一声，随即连连点头赞叹。

礼仪是对礼貌、礼节和仪式的统称，是一个人、一个民族、一个国家文化修养和道德修养的外在表现形式。慧中才能秀外，也只有内外兼修，才能表里如一。

📝 延伸阅读

[1]   姬仲鸣,周倪.孔子:上卷[M].北京:中央民族大学出版社,1998.

[2]   杨朝明.荀子[M].开封:河南大学出版社,2008.

[3]   黄怀信.大学 中庸讲义[M].北京:清华大学出版社,2013.

[4]   司马光.资治通鉴[M].太原:北岳文艺出版社,2013.

[5]   刘同.谁的青春不迷茫[M].北京:中信出版社,2012.

[6]   李清如.跟杨澜学做完美女人[M].武汉:武汉出版社,2012.

[7]   周小平.请不要辜负我们这个时代[M].海口:南海出版公司,2014.

[8]   袁涤非.商务礼仪实用教程[M].北京:高等教育出版社,2016.

[9]   陈玲,张浩璐.商务礼仪[M].北京:清华大学出版社,2013.

[10]   刘民英.商务礼仪[M].上海:复旦大学出版社,2014.

🖥 视频链接

1. 中国大学精品视频公开课"现代礼仪"第一讲。http://www.icourses.cn/web/sword/portal/videoDetail? courseId = c90fe3c3 – 1332 – 1000 – 9af0 – 4876d02411f6.

2. 国家精品在线开放课程(慕课)"现代礼仪"第一章。http://www.icourse163.org/course/HNU – 20005。

3. 中央电视台 10 频道《百家讲坛》特别访谈节目《解读于丹》。

第二章

商务形象礼仪

　　随着社会的发展，大家越来越注重个人的外在形象，因为它体现了一个人的精神风貌和工作态度，商务人员更应该注重自己的商务形象。好的个人形象不仅会令人增加自信，而且它是一个企业或公司的"名片"，代表一个团队的形象。商务形象由服饰、仪容和仪态等方面构成，服饰既是个人品位、身份地位和职业的象征，也是一个人形象气质的体现；仪态是一种"无声的语言"，能反映出一个人的内在品质、知识能力和个人修养。在商务活动中，商务人员的一举一动、一颦一笑，都能反映自身的礼仪修养。为了在商务活动中让自己更富有魅力，一定要用合适的服饰、美好的仪态，为自己赢得好感和机会。本章就从服饰礼仪、仪容礼仪和仪态礼仪来说明。

第一节　服饰礼仪

案例导入

　　一次某大公司招聘文秘人员，由于待遇优厚，应聘者很多。中文系毕业的小李也前往面试，她的背景材料可能是最棒的：大学四年，在各类刊物上发表近4万字的作品，内容有散文、诗歌、小说、评论等，还为5家公司策划过周年庆典，英语表达也很流利，书法也很棒。小李五官端正，身材高挑、匀称。面试时，招聘者拿着她的材料等她进来。小李上身穿黑色小西装，脖子上还系了一条紫色丝巾，下身穿着红色迷你裙，露出藕段似的大腿，脚蹬一双跟约10厘米高的白色防水台凉鞋，涂着鲜艳夺目的口红，走到一位考官面前，不请自坐，随后跷起了二郎腿，笑眯眯地等着问话。孰料，三位招聘者互相交换了一下眼色，主考官说："李小姐，请回去等通知吧。"

　　俗话说："三分人才，七分打扮"。得体的服饰可以掩盖身体的缺点、突出自身的优点，不得体的服饰会弄巧成拙。服饰既是个人品位、身份、地位和职业的象征，也是一个人形象气质的体现，任何一方面的疏忽都会影响到一个人的整体形象。

一、服饰礼仪的原则

穿戴服饰要遵循整体原则、三色原则、TPO原则等。

1. 整体原则

一个人的服饰穿着要考虑性别、年龄、身材、脸型、肤色以及周边环境等因素，要形成和谐统一的整体。例如，高瘦的人不宜选择竖条纹、太紧身、无领的服装，那样显得人更瘦削；矮胖的人不宜选择横条纹、太紧身的服装，会显得人更矮胖。圆脸型的人不宜穿领口又大又圆的衣服，适合选择V领或长方形领的服装；方脸型的人适合选择小圆角领的衣服。皮肤带有黄色、毛发颜色较浅的人，适合选择浅粉色或带有蓝色的服饰；皮肤较白、毛发颜色较黑的人，适合选择纯色的服饰。

2. 三色原则

三色原则指穿戴在身上的服饰色系不超过三种，并且三种色系应相互协调，不要有视觉冲突。这样，才会给人简洁、大方的感觉；反之，则会显得冗杂。

3. TPO 原则

TPO 是 Time（时间）、Place（地点）、Object（目的）三个英文单词的缩写。TPO 原则是指人们在选择服饰时，要因时间、地点、目的的变化而做出相应的调整。例如，一个企业高管在白天上班时，需要穿西装系领带；而下班后去健身，则需要换上宽松的运动服和跑步鞋。

2013 年 3 月 22 日中午，莫斯科伏努科沃机场，当飞机舱门被打开时，彭丽媛女士主动挽起了习近平总书记的胳膊，随同他一起缓缓走下舷梯。

当时正值莫斯科 30 多年来最冷的一个 3 月天，当地温度 –18℃。习近平和彭丽媛都穿着藏蓝色的呢大衣，习近平系深灰色的围巾，彭丽媛则系淡蓝色纱巾，手提黑色皮包，长发在脑后盘起。

在访问俄罗斯的两天行程里，出现在公众面前的彭丽媛女士根据场合的不同换了几套衣服，除了长大衣外，室内活动时，她一般以剪裁得体的小西装为主，颜色多为深色系。在会见俄罗斯总统普京时，她穿着一件黑色上装。参加习近平在莫斯科国际关系学院演讲时，她穿了一件蓝色印花小西装，淡雅而亲切。23 日下午，在去孤儿院看望孩子们时，她则穿了一件杏黄色上衣，颜色非常温暖。彭丽媛的言谈举止和着装风格赢得了舆论的普遍赞许，在孤儿学校和歌舞团的行程，表明中国第一夫人也在积极从事公共外交，提升国家形象。

当两人挽手走下舷梯，现场负责接待的一位中国驻俄罗斯大使馆的女士感叹：“一个很大气的动作，在世界舞台上首次出现，让人感觉很亲切、很温暖。”尤其是两人的着装，同样的藏蓝色呢大衣，同样系着围巾，很像情侣装，给人感觉很浪漫。

“刚刚走下飞机时的彭丽媛一身深色看似缺少色彩，但淡雅柔和的蓝色纱巾增添了活力，整体深色系符合国际着装的标准和规范。”国际形象顾问协会中国分会主席张玲接受记者采访时分析，这种着装风格体现了中国女性特有的内敛优雅气质，看起来很大气自信。而根据出席场合的不同调整着装则更让她感叹彭丽媛对着装和时尚的熟悉，“看得出极有品位，并且掌握的分寸很好。”

当然，服饰穿着搭配要考虑很多因素，每个人的情况不一样，穿着搭配的方式也会有所不同。接下来重点介绍男士西装、女士套裙、商务制服及饰品选择与佩戴的礼仪。

二、男士西装的礼仪

目前，西装是全世界最流行的一种服装，也是商务界男士在正式场合着装的优先选择。商务男士要想使自己所穿的西装得体，就必须在西装的选择和西装的搭配、着装规范方面遵守一定的礼仪。

（一）西装分类

西装的板型主要有欧式型、美式型、英式型和日式型四种。

1. 欧式型

衣领较宽，衬有厚的垫肩，胸部做得较饱满，袖笼部位较高，肩头稍有上翘，大多为双排扣形式。适合高大魁梧的男士。

2. 美式型

领型为宽度适中的 V 形，线条相对柔和，肩部的垫衬不太高，袖笼较低，胸部也不过分收紧，腰部适当地收缩。一般以单排 2~3 粒扣为主，上衣后摆中间开衩。适合身材高胖的男士。

欧式西装　　　　　　　　　　　　美式西装

3. 英式型

肩部与胸部不过于夸张，腰部较紧贴，符合人体自然曲线，多在上衣后摆两侧开衩。适合普通身形的男士。

4. 日式型

上衣呈 H 形，不过分强调肩部和腰部，垫肩不高，领子较短、较窄，多是单排扣，上衣后摆不开衩。适合肩不太宽、不高不壮的亚洲男士。

英式西装　　　　　　　　　　　　日式西装

相对来说，英式型和日式型更适合中国人。

（二）西装选择

西装一般选择不易皱且无明显图案的毛料量身定制，商务人士应选择黑色、灰色、深蓝色、藏青色等西装。

西装通常有两件套和三件套之分，两件套包括一件上衣和一条西裤，三件套包括一件上衣、一条西裤和一件背心，三件套比两件套显得更加正规。

两件套西装　　　　　　　　　　三件套西装

尺寸合适的西装穿上后，应大小合身、宽松适度。上衣领子应紧贴后颈部衬衫的领口，并且低于衬衫领口1.5厘米左右，上衣的长度与垂下手臂的虎口相平，或上衣要盖过臀部。袖子的长度应是手臂伸直时，袖口到手心处。西裤的腰围应是裤子穿在身上，拉上拉链，扣好裤扣，裤腰处正好还能伸进一只五指并拢的手掌。若不能插进一只手掌，则表示腰围太小；若插入一只手掌还很宽松，则表示腰围太大。裤长应是裤子穿上后，裤脚下沿正好触及地面，并确保裤线垂直，不可太短或太长。

（三）西装的搭配

1. 西装与衬衫的搭配

搭配的衬衫一般选择白色或浅色系无图案的，衬衫的衣领是硬领，不可有折痕。合适的衬衫衣领要比扣上扣子西装的领子高出1.5厘米左右，衣袖要长于西装袖口1.5厘米左右。穿上衬衫后的下摆要置于西裤内，不能散于西裤外面。

2. 西装与领带的搭配

领带面料应选择真丝或羊毛的，不能选择棉、麻、绒、皮等物制成的领带。在商务活动中，领带以蓝色、灰色、棕色、紫红色等单色为首选，尽可能与西装、衬衫颜色同色系。例如，衬衫是白色的，那么领带上的图案最好带一点白色；衬衫是蓝色的，领带上的图案最好带一点蓝色；或西装颜色是藏青色，领带可以搭配蓝色斜纹或蓝色方格的；西装颜色是咖啡色，领带颜色就可以是米色或黄色的；西装颜色是黑色的，领带颜色可以是紫红色的。领带图案以条纹、圆点、方格等规则的几何形状为主。

蓝色方格领带配深色西装

浅蓝色圆点领带配黑色西装

蓝色条纹领带配藏蓝色西装

紫红色领带配深色西装

　　领带的宽窄要与自己的胸围和西装上衣成正比。下端带有箭头的领带显得比较正规、传统，下端为平头的领带显得时髦、随意。

　　日常所用领带长约130～150厘米，系好领带后，其外侧应略长于内侧（内侧插于外侧的标牌内），标准长度应该是下端的箭头正好触及皮带扣的上方。这样，扣好西装后，不会让领带下端从衣襟处显露出来。如果领带系得太短，会从西装胸口"跳"出来。

　　打领结的三点技巧是：一是要令其挺括、端正，在外观上呈倒三角形；二是最好在其下方压出一处小窝或一道小沟，让其稍有变化；三是其大小要与衬衫衣领的大小成正比。

　　在正式的商务场合不适合使用简易的"一挂得""一拉得"领带。

　　如非要使用领带夹，则将领带夹夹在衬衫自上而下的第四粒至第五粒纽扣之间。

3. 西装与皮带的搭配

现在皮带的品牌有很多，一般选择皮带扣美观、简洁、大方，皮带颜色为深色的皮带，如黑色与褐色的皮带。

4. 西装与鞋袜的搭配

与西装搭配的鞋，只能是皮鞋，应当是真皮制品而非仿皮。磨砂皮与翻毛皮鞋大都属于休闲皮鞋，不太适合与西装搭配。与西装搭配的皮鞋应为深色、单色，黑色系带最好。穿皮鞋时，要注意鞋内无味、鞋面无尘、鞋底无泥。

与西装、皮鞋搭配的袜子一定要选择好，以深色、单色为宜，且一定要是棉袜，不能是尼龙袜。所选袜子也是宜长不宜短，最短不能低于自己的踝骨。

黑色系带皮鞋　　　　　　　　宜配深色西装的鞋袜

5. 西装与公文包的搭配

公文包，被称为商务人士的"移动式办公桌"，所以准备一个与着装相配的公文包是非常必要的。公文包的面料以真皮为宜，以牛皮、羊皮为最佳。颜色以黑色、棕色为好。商务人士应遵守"三一定律"，即公文包的颜色与皮鞋、皮带的颜色一致。款式应选择手提式的长方形，夹式、挎式、背式等款式公文包均不能与西装相配。使用公文包时，包内的物品要摆放整齐有序，不要把包内塞得鼓鼓囊囊，避免取物时翻找半天而不得。

"三一定律"

（四）着装的规范

（1）拆除商标。穿西装前，一定要先拆除左袖上的商标。

（2）熨烫西服。在穿西装前，一定要把西装熨烫平整，皱巴巴的西服不合礼仪，也让人不忍直视。

（3）系好纽扣。穿西装时，能否系对纽扣直接反映对西装礼仪的掌握程度。单排两粒扣，只扣上面一粒；单排三粒扣，只扣中间一粒，也可扣上面两粒，但不可全扣。双排扣西装既可全部扣，也可只扣上面一粒。落座后，西装的纽扣要解开，防止西装走样。起身时，要把该扣的纽扣全部扣上，表示庄重。

双排扣的扣法　　　　单排两粒扣的扣法　　　　单排三粒扣的扣法

（4）用好口袋。西装上衣的左胸部的装饰口袋，只可放装饰用的绢饰。上衣内侧的口袋可用来放钢笔、名片，但不宜放过多或厚重的物品。西裤两侧的口袋只能放轻薄物品，如几片纸巾，后侧口袋不能放任何物品。

正确的西装口袋装饰

礼仪小贴士

（1）穿西装时，不能搭配短袖衬衫。

（2）穿西装时，黑色皮鞋不能搭配白色棉袜或尼龙袜。

（3）西装外面口袋不能放钢笔、钱夹、眼镜等物品。

（4）西装搭配的领带不能不端正、松松垮垮。

三、女士套裙的礼仪

套裙，是西装套裙的简称。其上身为一件女式西装，下身是一条半截式的裙子。

（一）套裙的选择

女士套裙的面料应该高档，最好是纯天然质地，要满足滑润、丰厚、光洁、柔软、悬垂、挺括等要求，不能起球、起毛、起皱。

套裙的款式跟体形要相协调，女士的体形大体可以分为 H 形、Y 形、X 形和 A 形四种类型。

H 形的特点是胸部、腰部与臀部的曲线差距不是很明显。可以选择上衣较为宽松，裙子多为筒式的套裙。

H 形体形适合的套裙　　　　Y 形体形适合的套裙

Y 形的特点是肩宽、臀窄，胸部也较丰满，腰部有曲线，但腿部较细。可以选择上衣较为简洁、宽松，裙子多是紧身式、以筒式为主的套裙。

X 形的特点是肩与臀部基本同宽，胸部丰满，腰身细小，臀部圆润，曲线明显。可以选择上衣为紧身式，裙子为喇叭式或鱼尾式的套裙。

X 形体形适合的套裙　　　　A 形体形适合的套裙

A形的特点是臀围比胸围大，臀宽也比肩膀宽。可以选择有出色的领型、醒目的扣子或口袋等有特点的上衣，裙子布料为柔软却不贴身且垂坠性佳的喇叭式、百褶式套裙。

在色彩方面，套裙多以冷色调为主，这样能体现穿者的典雅、端庄与稳重。炭黑、烟灰、藏青、宝蓝、紫红等都是不错的选择，在正式场合不要选择颜色艳丽的套裙。上衣和裙子的颜色要一致，但也可以是同一色系的上浅下深或上深下浅搭配，这样更显活泼和有层次感。

套裙讲究朴素而简洁，一般不带图案和花纹，如果喜欢，带有方格、圆点、条纹简洁图案的套裙也可以选择。

尺寸须大小相宜，过大或过小、过肥或过瘦的套裙都不宜穿。但通常认为，套裙之中上衣最短可以齐腰，裙子最长可以达到小腿中部，上衣不能再短，裙子不能再长，否则会给人不庄重的感觉。

套裙上衣的袖长以恰恰盖住着装者的手腕为好，衣袖过长，着装者显得矮小无神；衣袖过短，着装者会处处"捉襟见肘"，显滑稽而随便。

（二）套裙的搭配

1. 套裙与衬衫的搭配

与套裙搭配的衬衫，从面料上讲，要求轻薄而柔软，如涤棉、真丝、麻纱、花瑶、罗布、府绸等都可。从颜色上讲，要求雅致而端庄且不失女性的妩媚，除白色外，其他任意颜色只要与套裙颜色相配，都可以作为衬衫的颜色，但以单色为佳。衬衫的颜色与套裙上衣的颜色形成深浅对比，要么外深内浅，要么外浅内深。

穿衬衫时要注意，衬衫的下摆必须掖入裙腰之内，不得任其悬垂于外，或将其在腰间打结；衬衫的纽扣要一一系好，除最上端一粒纽扣按惯例允许不扣外，其他纽扣不得随意解开。衬衫在公共场合不宜直接外穿。

2. 套裙与鞋袜的搭配

鞋袜能展示女性的腿部线条和"足上风光"，与套裙搭配的鞋子要为高跟、半高跟的船形皮鞋。系带式皮鞋、丁字式皮鞋、皮靴、皮凉鞋等都不能与套裙搭配。鞋子的颜色以黑色为首选，其他与套裙颜色一致的皮鞋也可以。

在商务场合穿着套裙不穿袜子也是极不礼貌的。与套裙搭配的袜子一定是没有洞、没有跳丝、没有残破的连裤袜。高筒袜、中筒袜、低筒袜都不能与套裙搭配。袜子应为肉色、浅灰、浅棕等透明的薄丝袜，不能带有图案和花纹。如果袜子出现了跳丝、残破等现象，一定要马上更换，可以

船形皮鞋　　　　　　　系带式鞋子

在手袋和办公室里备上一两双连裤袜。

（三）着装的规范

女性穿套裙时，一定要先检查好，衣领是否翻好，衣服口袋的盖儿是否盖住口袋。

穿上身后，要检查裙子和上衣是否端正对齐。上衣的纽扣是否全系上了。

在商务场合，要注意：不要穿平跟鞋；不穿黑皮裙；不光腿穿鞋子，要穿接近肉色的连裤袜。

礼仪小贴士

（1）穿套裙时，不能搭配系带式皮鞋、皮靴、皮凉鞋。

（2）穿套裙时，连裤肉色丝袜跳丝或残破了，一定要换掉，不可再穿上。

四、商务制服的礼仪

商务人员穿着的制服礼仪，主要涉及其选择与穿着两个方面。

（一）制服的选择

选择制服的要求是面料好、颜色少、款式雅、做工精，应优先考虑纯毛、纯棉、纯麻、棉毛、棉麻、毛麻、毛涤等面料，如某些特殊工作需要防火、防水、防风、防尘、防辐射、防静电、防高温、防低温、防氧化等要求的，应选择特殊用途的面料。

颜色宜少不宜多，遵守"三色"原则，优先选择本单位的标志性色彩，力求颜色单一而偏深。在商务界，最好选择蓝、灰、棕、黑等几种商界制服的"基本色"，因为蓝色的制服表示严谨，灰色的制服表示稳重，棕色的制服表示文雅，黑色的制服表示高贵。

制服的款式多为两件套式，即一件上装与一件下装。上装有西装式、猎装式、夹克式、衬衫式、两用衫式等。下装有裤装式、裙装式、背带装式等。不管选择哪一款式，都必须注意不露、不透、不短、不紧这"四不"原则。

制服还要根据性别、季节、用途、职业等级进行选择。

（二）制服穿着礼仪

制服的"三色"原则

制服也是工作服，穿着和搭配要严格遵守有关的礼仪和本单位的具体规定。穿制服上班时要注意：忌脏、忌皱、忌破、忌乱。

一旦发现制服脏了，就要马上更换清洗。

为了防止制服产生褶皱，脱下来的制服要挂好或叠好，制服洗涤后，要加以熨烫。

发现制服残破后，要采取必要的补救措施，千万不要在残破之处贴胶布或别别针，如经过修补后，痕迹还是很明显者，则不宜再度在正式场合穿。

如果单位规定全体员工穿着制服上班，则每一名商务人员都必须遵守此项规定，不应不按规定不穿或不合礼仪地穿。

有些单位下发的制服还搭配有衬衫、帽子、鞋袜、皮鞋、丝巾、配饰等，商务人员在穿制服时，也要按照规定与其配套使用的衣饰一并使用。如单位未作统一规定，也不得滥用。在选用其他衣饰时，应将它们与制服协调与否的问题置于首位予以考虑。

五、饰品的选择与佩戴礼仪

饰品在整体服饰中发挥装饰作用，它包括各种首饰和配饰。女性有头饰、耳饰、颈饰、腰饰、腕饰、首饰等，具体有帽子、发卡、耳环、项链、围巾、胸针、胸花、腰带、手表、手链、手镯、手袋、手套、戒指、眼镜等。男士的配饰相对比较简单，主要有领带、皮带、手表、戒指、公文包、眼镜等。精致的配饰不仅能对整体形象起到"画龙点睛"的作用，也是身份、地位和审美情趣的展示。

（一）饰品佩戴的原则

1. 整体协调原则

在佩戴饰品时，要综合考虑交往对象、场合、服饰风格等诸多因素的关系。协调一致的搭配、恰到好处的点缀，才能达到配饰美化的目的。颜色也要与所穿衣服同色系。

2. 数量适度原则

佩戴饰物的数量不可过多，不超过3种，每种不宜超过2件，或以2～6个点为宜。耳环虽然是一件饰物，但因为分布在面部两侧，则算2个点。

3. 同色同质原则

当今市场上配饰材质的种类繁多，颜色也是五彩缤纷，选择的配饰要与服装的材质、颜色搭配和谐。配饰要讲究同质同色，如冬天穿羽绒服就不要配轻薄的丝巾；佩戴金属项链，则戒指、手表最好也选择有金属质地的。否则，五颜六色、不伦不类，会让人感到佩戴者粗俗不堪。

4. 扬长避短原则

佩戴的饰品要能突出自己的优点，掩盖自己的缺点。如圆脸型的人适合佩戴长耳坠，使脸型显得长一些，不适合佩戴贴颈式或太粗、太复杂的项链。

5. 做工精致原则

在商务活动中，要选择质地精良、做工精细的饰品，表示对于交往对象和活动的尊重。粗制滥造的饰品会显得很没有品位，不如不戴。

（二）饰品选择、搭配规范

1. 围巾、帽子搭配礼仪

随着社会的发展、时代的变迁，围巾、帽子也不只是防寒保暖的必需品，它已经成为女性时尚的装饰品。围巾、帽子的佩戴，除了考虑时间、地点、场合之外，还要考虑衣服、年龄、脸型、发型等因素。参加商务活动时，进入室内应主动脱帽，脱帽后不应以乱发示人。被介绍给他人或与人道别时，与女士、长辈、上级谈话时，男士也要脱帽。

围巾与衣服搭配最主要考虑的因素是色差，最好色差比较大，这样才能衬托出衣服与围巾的层次感，围巾与衣服搭配时，还要考虑质地厚薄是否一致。薄的套裙，一定不能搭配厚的毛线围巾，要搭配飘逸的丝质或棉质丝巾；厚的大衣或棉衣，最好搭配厚的毛线或者羊毛质地的围巾，这样才协调一致。长脸型的人最好不要戴高顶帽，而宽边帽、帽檐向下的帽子比较适合；宽脸型的人不应该选择将额头遮住的帽子，适合戴小帽沿或者顶高的帽子；矮个子的人不要佩戴平顶宽沿帽；高个子的人不要戴高筒帽。

2. 眼镜搭配礼仪

眼镜不仅有保护眼睛、改善视力的作用，还可以修饰脸型、提升气质。眼镜分为近视眼镜、远视眼镜、老花眼镜、散光眼镜，还有其他种类（如太阳镜等）。眼镜还可以分为无框眼镜、半框眼镜和全框眼镜。作为商务人士，不可以选择造型夸张的眼镜，最好选择黑色全框眼镜或半框眼镜。选择眼镜还要注意镜框外形与脸形是否相称，方脸形的人适宜选近似圆形的镜架或无框椭圆眼镜，不宜选用扁形的镜架；圆脸形的人适宜选扁形或梨形的镜架，不宜选择圆框或镜框太小的眼镜。

无框椭圆眼镜　　　　　　半框方形眼镜　　　　　　全框眼镜

3. 耳环搭配礼仪

耳环的搭配要与脸形相配，脸形圆润丰满的人，适宜佩戴长耳环或垂坠款式，不适宜佩戴圆形及圆环耳环，以造成伸展拉长的感觉；瘦长脸形的女性适宜佩戴纽扣形或较大的耳环，不适宜佩戴垂坠、流苏耳环，以使脸部丰满动人；瓜子脸形的女性任何款式的耳环都可佩戴。

大圆耳环和流苏、垂坠耳环　　　　　　长耳环和纽扣形耳环

耳环大小要与身材相符。身材娇小者，适宜佩戴小巧的耳环，以免看起来让人觉得头重脚轻；身材高大者，适宜佩戴大一些的耳环，让人觉得大气。

耳环的佩戴还要应事应景。出席比较正规的商务或社交场合，比如参加签字仪式、宴会、婚礼或庆典仪式，应当选用品位和质地比较高档的耳环，诸如钻石、翡翠、宝石镶嵌的耳环。耳环也要根据整体服饰来选择款式，服饰色彩鲜艳的，适宜搭配色泽淡雅或同色系的耳环。

4. 项链搭配礼仪

项链是首饰中最显眼、表现力最大、装饰性最强的饰品。在商务活动中，戴上一条合适的项链，可以使人散发出端庄、高贵的气质。项链的佩戴还与脖颈有关系：脖颈较短者，适宜佩戴较长的项链，使脖子显得细长；脖颈较长者，适宜佩戴较宽或较短的项链，使脖子不会显得那么细长。穿长礼服时，佩戴珍珠或与礼服同色系的玉珠项链，可与礼服起到相互映衬的作用；穿套装时，搭配"一链式"项链；穿休闲服饰时，可以随自己的喜爱，佩戴样式新颖、做工精细、夸张而有个性的项链。

5. 胸针搭配礼仪

穿西装时，应将胸针别在左侧领口或左胸前衬衣第一、二个纽扣间的位置。胸针不可以同纪念章、企业标徽、奖章等同时佩戴。身着高贵材质的服装时，如能别上一枚镶有玉石的胸针，将会显得格外高贵、典雅。而穿着裙装或休闲服装时，可以佩戴符号、动物、水果等具有个性设计图案的胸针。一般而言，镶嵌有珠宝的胸针适合年长的女性，显出端庄稳重的气质；年轻的女性应选择式样活泼或柔和色调的胸针。胸针的颜色最好与衣服的颜色产生深浅对比，能形成视觉上的差异。

6. 手链、手镯搭配礼仪

手链、手镯一般都戴在左手上，手链和手镯可以同时佩戴。一只手腕不能既戴手镯又戴手表，短粗胖的手形不宜戴宽手镯。

7. 戒指搭配礼仪

戒指是无声语言的标志，不同的手指戴戒指含义不同：戴于中指，说明正在恋爱中；戴在无名指上，表明已订婚或结婚。在商务场合中，除上述两个手指之外，尽量不佩戴在其他手指上。戒指的款式应当同手指相配合：手指短粗者，应选择椭圆形的戒指，可使粗短的手指显得较为修长；细长的手指可选择圆形的戒指。出席宴会时，可佩戴宝石或珍珠等艳丽的戒指，显得端庄大方。

8. 手表搭配礼仪

对现代人而言，手表既是一种常用的计时工具，又是一种体现身份、地位、品位的饰品。在商务交往中所佩戴的手表，以款式简洁大方的商务款为宜，颜色款式要低调简洁，不要太过于运动化和趣味化，表盘以白色和黑色为最好。在正式的场合，商务人员应佩戴比较传统的机械表，而不应选择时髦的石英表、电子表、运动表。

9. 腰带、皮带搭配礼仪

（1）女性腰带搭配礼仪。腰部是女性美丽标志的重要部位，女性都希望自己拥有一个曼妙的身段，而腰带更能凸显女性腰部的美丽。腰带大致可分为三种：纤细形、宽边形、个性形。纤细腰带一般搭配优雅的连衣裙，一些职业感强的上装也可以使用；宽边形腰带可以遮掩腰部的缺点；个性形腰带款式比较多，有金属链、宝珠相配式、绳索式等。

身材高瘦的女性，任何样式的腰带都适宜，上身长的女性适合选择宽边腰带，下身较胖的女性适合选择纤细形腰带，体形较胖的女性不应选用腰带。腰带的色彩也应与服装的色彩相近或相同。

（2）男性皮带搭配礼仪。商务男士在选择皮带时，要遵循配饰的整体性原则，宜与皮鞋、皮包的颜色保持一致。皮带要保持亮度，过旧甚至掉皮的皮带一定不要再使用，那样会使昂贵的西服大打折扣，有失身份。皮带的选择，最好随着潮流的变化而变化，皮带环扣除商标外，不宜出现其他任何文字、图案。皮带的长度应保持尾端介于第一和第二裤袢之间，宽窄应保持在 3 厘米左右，切忌皮带上携挂过多的物品。当然，不同的季节、不同的服饰应佩戴不同款式的皮带。

第二节　仪容礼仪

📧 案例导入

　　小米长得漂亮，有一头乌黑亮丽的长发，别人都夸她的头发又直又漂亮，所以尽管打理麻烦也乐在其中。她也会打扮自己，每天化着精致的妆容去上班，所以，同事、客户都很喜欢她。这天早上，小米醒来时已经 8 点多了，上午约了重要客户洽谈商务合约，因此时间不够，只能一头散发匆匆赶去约见客户。由于头发过长，不时飘荡到胸前和脸颊上，小米不得不总是用手去理头发，这令她很烦恼，与客户交谈时也不能专心。客户看到如此披头散发又小动作不断的小米，没说几句就告辞了，这单合约自然也无法谈成。

　　美好的仪容，指适合的发型、精致的面部妆容等，它既反映了个人爱美的意识，又体现了对他人的礼貌；它既能增强个人的自信，又能给他人带来美的享受。因此，仪容在商务活动中会影响到个人的整体形象。

一、美发的礼仪

俗话说：远看头，近看脚。在仪容礼仪中，"头"等大事自然要重视。

（一）头发的护理

一要勤梳洗。一般来说，东方人头发的健康标准应该是有光泽、乌黑、清洁、无头皮屑。保持头发的干净、整洁，当然要对头发进行清洁护理。有人对于隔几天洗一次头发感到困惑，其实这主要看个人发质、季节和环境等具体情况。如果是油性发质，又容易出汗的人，在夏天最好是1~2天洗一次头发，冬天则2~3天洗一次为宜。如果是干燥的发质，过于频繁地清洗头发反而会损伤发质。如果有商务活动，不管是哪种发质，最好前一天清洗头发。

清洗头发，宜用温水；水太热，会烫伤毛囊。还要根据自己的发质选择洗发水，洗完后，用吹风机略微吹一下，但是也不要吹得过干，否则会损伤发质。

商务人士外出上班或者出差时，最好随身携带一把发梳，以备不时之用；但不宜在众人面前梳理头发。在众人面前梳理头发，会使残发、头屑飘落在地，这样也是不雅观的。

二要常打理。头发打理分为剪、洗、染、焗、吹、烫等不同的方式。在剪这一方面，男士的发型要做到"前不覆额，侧不掩耳，后不及领"，也就是说，前面的头发不能遮盖住额头，侧面的头发不要掩盖住耳朵，后面的头发不能压住衣领。女性短发较男性的短发式样更多样化，更不能忽略对头发的打理。从修剪到烫、染发型，女性都要精心设计。商务人士在选择剪、染、焗、烫这些打理方式时要注意，不宜为了彰显个性而与众不同，如染成五颜六色的头发等。而男士在打理头发时，最好也要连胡须一起打理。

前不覆额   侧不掩耳   后不及领

中国礼仪

商务
礼仪

女性如果选择留长发，在商务活动中一定要将长发扎起或盘起，不可随意披散着头发。

三要善保养。健康的头发还需要保养。适宜地梳理头发会促进头皮的血液循环，也可用手指按摩头皮 20 分钟，有助于头发生长，减缓头发变白。还要注意户外保护，在强烈的阳光下，应戴上遮阳帽或撑遮阳伞，避免过度日晒，使头发干枯变黄。游泳时，要戴泳帽来保护头发，特别是在海边游泳时，海水中的盐分会让头发更多地吸收阳光中的紫外线而变得干枯。

（二）发型与脸形

发型是为了仪容更美观。发型的选择，要符合大方、简洁的原则，可以根据头发的发质，个体的脸形、体形、年龄、服装和场合等因素，选择不同的发型。

发型同脸形，尤其要同一个人的气质相辅相成，如果盲目跟风，看到流行什么发型，自己也做什么发型，这样不但无法体现出美感，有时还会弄巧成拙，影响形象。

下面分析几种女性不同脸形适宜的发型发式。

1. 圆脸形

圆脸形，类似娃娃脸，这种脸形两颊较宽，因此可以选择头前部或头顶部略微隆起的发型，如丸子头。两侧的头发也不要掩盖耳朵，将两颊和耳朵稍稍露出，这样会在视觉上稍稍拉长脸形，又显得利落大方。圆脸形的人，还适合纵向线条垂直向下的发型，或者把头发高高盘起。

适宜圆脸形的丸子头

适宜椭圆脸形的发型

2. 椭圆脸形

椭圆脸形，又俗称鹅蛋脸形，是一种较为标准、非常优美耐看的脸形，这种脸形对发型的要求不严，一般来说，任何发型与这种脸形搭配都能取得美的效果。

3. 长脸形

长脸形的人由于脸形瘦长，因此可以选择稍微活泼、复杂的发型，不宜选择顶部高隆、垂发笔直的发型，因为这样会让脸显得更长。还可让两侧的头发适当的蓬松，这样能缩短脸形的长度。

4. 方脸形

方脸形的人，面部短阔，两腮突出，轮廓较为平直，这种脸形适合自然的大波浪长发，用头发将脸衬托得圆润些。两颊的头发可以蓬松，遮住较宽的脸颊，不宜选择头发垂直的发型。

适宜长脸形的发型   适宜方脸形的发型

5. 三角形脸

三角形脸的特征是额头窄小，两腮宽大。这种脸形适合将额头的发型维持一定宽度，这样才不会凸显两颊的宽大线条，还可以选择比较温柔的波浪形，长度以中长或及肩的长度为最佳。

男性的发型相对而言要简单很多，但也应与脸形相配，下巴较方的男性可以留适量的鬓发，长脸的男性不宜留太短的头发。

二、化妆的礼仪

化妆礼仪是仪容礼仪的重点，适度得体的妆容，不仅可以展现出个人的风采，还是对别人的一种尊重，美丽、自然是化妆的精髓。而商务礼仪中对面部仪容的基本要求可以概括为：干净、清爽、素雅。化妆礼仪包括面部清洁与护理、面部化妆及手与颈部护理。

（一）面部清洁与护理

眼部的分泌物要清理干净，如要佩戴眼镜，要时刻保持眼镜片的干净明亮，不可有污垢。

定时清洁鼻腔，修剪鼻毛。不要在公共场合挖鼻孔，这样既不卫生，也不雅观。

耳朵是很多人容易忽略的部位，在洗脸、洗澡时，要把耳朵内外，特别是耳后清洗干净。

口腔要保持清洁、无异味，在参加商务活动之前，不要吃葱、蒜、韭菜等有刺激性味道的食物，如长时间没有开口说话，在说话前最好先漱口。还要有一口整洁、白净的牙齿，如有坏牙，要及时修补，牙齿有牙垢要去口腔科清洗。并坚持早、晚刷牙，尤其是在饭后，一定要照照镜子，看有无食物残留在牙齿上、牙缝里，条件允许的情况下可刷牙。

男士要勤刮胡须，最好每天早上刮一次。

皮肤护理是日常生活中每个人都会做的，步骤如下。

1. 洁面乳清洁面部

清洁面部时，要根据实际情况进行。化妆和不化妆、季节不同，清洁面部都有一些区别。化妆了或皮肤非常油腻的时候，先用卸妆产品，再用洁面产品，用温水进行深度清洗。没有化妆或皮肤呈现出干燥脱皮的现象，则应选用温和的洁面产品，用温水进行清洁。

一天清洁皮肤的次数以早晚各一次为宜，太多容易造成皮肤水分和应有的油分流失，太少清洁力度不够。早上皮肤经过一夜的新陈代谢，产生油脂等分泌物，还有老化角质的脱落，这时如果不好好清洁面部，极有可能造成毛孔堵塞、黑头等现象。晚上清洁皮肤更是重中之重，因为经过一整天，皮肤已经积存了较多的垃圾和油污，用洗面乳可以将皮肤表皮和毛孔内的灰尘、化妆品清洁干净。

2. 拍打爽肤水

用爽肤水不仅可以平衡皮肤的酸碱度，调节 pH 值，而且具有二次清洁的作用，还有利于后续护肤品营养的吸收。

使用爽肤水，建议用化妆棉拍打，方法是将爽肤水倒在化妆棉上，由下巴往上轻轻拍打，这样可以起到提拉肌肤的作用。在 T 形区或者容易干燥的部位应多拍打几次。千万不要将爽肤水直接倒在手心之后拍在脸上，那样不仅浪费，而且拍不均匀，营养成分吸收也不均匀。

3. 按摩精华液

精华液是一种浓度更高、滋养能力更强的护肤品，有防衰老、抗皱、保湿、美白、祛斑等功效。但由于精华液含有大量的维生素、蛋白质，它们也是滋生细菌的温床，所以如果每天使用精华液，会给肌肤造成负担。一般来说，每周使用 2~3 次精华液就可以了。

取足量的精华液在掌心，在手部揉搓均匀后，分别轻点于额头、两颊、鼻子、下巴，再用中指和无名指的指腹由下至上、由内往外轻柔缓慢地将精华液涂抹至全脸肌肤。容易出现斑点、暗沉的两颊处，再使用指腹前端以画螺旋形状的技法，由内往外按摩直至皮肤吸收。

4. 擦拭眼霜

眼部肌肤是全身最薄的部位，也很敏感，因此需要特别小心护理。涂眼霜的方法是：首先用无名指取绿豆粒大小的眼霜；其次用两个无名指指腹相互揉搓，使眼霜加温，使之更容易被肌肤吸收；再次由外向内将眼霜围绕着眼周围轻轻点上；最后由内眼角、上眼皮、眼尾，下面也是内眼角、下眼皮、眼尾轻轻按摩，直到让肌肤吸收为止。

5. 涂抹乳液或者面霜

乳液和面霜是保湿的护肤产品，所以一定要每天擦乳液或面霜。油性肌肤最好选用质地清爽的乳液，干性肌肤则适合质地滋润的面霜。乳液和面霜的涂抹方法和精华液相同。

6. 涂抹隔离霜

隔离霜是保护皮肤的重要护肤品，用来隔离紫外线、脏空气、彩妆、粉尘等。使用的方法是用指腹取适量隔离霜，在两颊、额头、鼻子、下巴等处各点一点。用海绵由脸颊处向鼻梁、脸侧推开，再扩展到额头中央和下巴，随后轻轻拍打，直至完全吸收。要注意涂抹隔离霜的时间，一定要在外出前 20 分钟左右涂抹好。使用隔离霜之后的清洁，一定要用卸妆产品。

（二）面部化妆

女性的化妆礼仪要复杂得多，除了要完成以上基础护肤之外，在参加商务活动甚至日常出门时，应该化一个合适的彩妆，不仅让自己更美丽，更是尊重别人的表现。化妆的步骤如下。

1. 涂粉底液

粉底液主要有均匀肤色的功效，要选择接近肤色的粉底液，用化妆海绵取少量粉底液，由内向外全脸均匀拍擦，颈部也要擦抹，避免出现黑白边缘线。

2. 扑粉

扑粉也称定妆，可以防止妆面脱落、抑制脸部出油。定妆粉分为湿粉和散粉。如果皮肤较干，应选择湿粉；如果皮肤较油，则应选散粉。用湿粉时，用粉扑按压脸部；用散粉时，将粉扑均匀蘸取散粉，粉量以粉扑向下，粉不落地为宜，轻轻按压全脸，然后用粉刷刷去多余的粉。

3. 画眉毛

画眉时，先修眉，有人认为文了眉不用修，其实也要修，把长起来的杂乱的眉毛刮除或剪掉。但不建议拔眉，经常拔眉会导致眼部皮肤松弛，还有可能使眉毛变稀少，甚至不再生长。画眉毛一定要结合自己的脸形和妆容画出形状，注意两头淡、中间浓，上边浅、下边深。

4. 涂眼影

商务活动中不适合用颜色过分鲜艳的眼影，除非是在舞台表演或较为盛大的晚宴中。涂眼影时，还要注意用一个系列的色系，突出层次，深浅有别，最忌讳均匀地抹一片。

5. 画眼线

画眼线时，要贴着睫毛根部一点一点描画，避免出现中间断点的情况，再用棉棒晕染不顺滑的部位。上眼线从内往外画，下眼线由外往内画，并且在距离眼角三分之一处停笔。上眼线在外眼角处可适当稍稍往上扬，而下眼线则不要紧紧贴着外眼角。

6. 上腮红

腮红涂在笑肌上。用腮红刷蘸取少量腮红，弹掉多余的浮粉，在笑肌周围，高不及眼睛、低不过嘴角、长不到眼睛的 1/2 处，由内往外晕染。

7. 涂口红

口红的选择要注意，肤色较白的，适合明亮度较高的色系；肤色较黑的人适合亮度低的色系，比如，豆沙红、暗红等。涂口红前，先涂护唇膏，让嘴唇滋润，再用唇线笔画轮廓，唇线笔的颜色应略深于口红的颜色。然后从两边往中间涂，如使用专业的口红刷则更好。涂完后，还要检查牙齿上是否粘有口红。

8. 刷睫毛膏

刷睫毛膏前，使用睫毛刷梳开睫毛，这样可避免出现苍蝇腿。刷睫毛膏时，应将睫毛分成前后两段，从眼尾开始刷，以达到卷翘的效果。刷眼头睫毛时，用 Z 字形来回涂刷，能让睫毛根根分明。

当然，按照以上步骤来化妆，时间会较长。如果时间较紧，也可按照简化的步骤来化妆：洗脸——涂护理液——涂 BB 霜——上腮红——描眉毛——涂唇釉，这样化妆可节约时间，但不会很精致。

化妆一般在家里或无人在场的情况下进行，修饰避人也是人们日常交往过程中一条重要的礼仪原则，避免在公共场合或者众目睽睽之下化妆或补妆，也不要在异性面前化妆，以免引起误会或显得缺乏修养。

男士可以不用化妆，保持清爽整洁即可。

（三）手、颈部护理

手被喻为人的"第二张脸"，在商务场合，要经常与人握手、做各种手势、递送名片、招待客人端送茶水等，在这些商务活动中，有一双干净、光洁、细腻的手，会带给人更多的好感，也能折射出一个人的修养。

手部的保洁，首先要勤于修剪指甲，指甲不应太长，更不应在指甲内留有黑色的污垢，这样有损整体形象。

在日常生活和商务活动中，女性可以适当地在指甲上涂点指甲油，让指甲有光泽，通常使用和指甲相近颜色或无色的指甲油。而在出席演出或晚会等场合时，可以选择色泽亮丽的指甲油或花纹。

颈部是人的"第三张脸"，把护肤品用在脸上的同时，也应该用在颈部。颈部要保持清洁，平常加强对于颈部的锻炼与按摩，不仅可以帮助去除皱纹、延缓衰老，还能使颈部皮肤光滑、亮泽。

礼仪小贴士

女士要想妆容好看，一定要做好皮肤的护理，保持乐观开朗的情绪，养成良好的睡眠习惯，养成多喝水的好习惯，注意合理的饮食结构。

三、表情的礼仪

表情，顾名思义，是从面部的变化上表达出来的内在情绪和思想感情，而所谓"面部表情的变化"指的是眼睛、眉毛、鼻子、嘴巴和面部肌肉的变化以及它们的综合变化。

在交际活动中，表情备受人们的注意，它真实地反映着人们内心的思想情感和喜、怒、哀、惧。表情蕴含的感情比语言还要丰富，美国心理学家奥伯特·麦拉比安把人的感情表达效果总结为一个公式：感情的表达 = 语言（7%）+声音（38%）+表情（55%）。所以，在商务活动中，表情的重要性更是不言而喻。

（一）面部表情应遵循的原则

1. 真诚

人与人之间的交往，一个重要的原则就是以诚相待。常言道"相由心生"，面部表情是可以反映出一个人内心的，所以与人交往要真诚，给人表里如一、名副其实的感觉，在此基础上建立的信任，才坚不可摧。

2. 友好

一个人对人友善与否，从面部表情甚至一个眼神就完全可以判定，有时甚至比言语传递的信息来得更真实。所以，人际交往中，一定要秉持与人为善、一视同仁的原则，才能真正传递出友好。

3. 谦恭

如果一个人很有才气、能力，但他趾高气扬，不懂谦恭，往往还是会被人拒于千里之外。人际交往中，人们不仅欣赏一个人的才华和能力，而且更看重一个人谦恭的态度。因此，在工作或生活中要使自己的表情神态，于人恭敬，于己谦和。

4. 适度

面部表情视时间、地点、场合的不同而变化，所以应做到与现场氛围和实际需要相符合。比如，参加丧礼时，不能显得开心；否则，会被误认为幸灾乐祸。

（二）面部表情的具体体现

面部表情主要通过人体的面部器官，如眉毛、眼睛、嘴的动作或者整体器官相互配合来表达。

1. 眉毛

通过眉毛的形状变化而显示出来的表情叫作眉语。眉毛除了配合眼神表达感情外，其实眉语也可单独表达意思。比如：

皱眉：双眉紧皱，表示忧虑、烦恼、不赞成、不愉快。

耸眉：眉峰上耸，表示惊讶、惊惧或欣喜。

竖眉：眉角下拉，表示气恼、愤怒。

挑眉：单眉上挑，表示询问、疑问。

2. 眼神

眼睛被喻为人类心灵的窗户，自然成为最有效传递信息和表达心意的工具。可以从一个人的眼神中，读懂他的喜、怒、哀、惧，它能够最直接、最自然、最准确地显示出一个人的内心活动。当然，眼睛注视的时间、部位、角度、方式不同，表示的意义也是不同的。

（1）注视时间。虽然说与人交谈时注视对方双眼是一种礼貌的表现，但也不可长时间凝视对方，这样会使对方感觉紧张和警惕。

如果注视对方的时间占全部相处时间的 1/3 左右，则表示友好；如果注视对方的时间占全部相处时间的 2/3 左右，则表示重视；如果注视对方的时间不到相处时间的 1/4，则表示轻视。

在非交谈时间，无意间与别人的目光相遇时，不能马上离开目光，因为这样做是不礼貌的，应自然地对视 2 秒左右，然后慢慢地移开目光。与异性目光对视时，目光不可停留过长，否则会引起对方的误会与猜疑。

（2）注视部位。在交际场合，眼神注视的部位也是有一定规范的，一般不能注视他人的头顶、胸部、大腿、脚部与手部，尤其对不是情侣的异性朋友，通常不应注视其臀部以下，如裆部、腿部。关系平常的朋友之间可以注视对方的面部，亲密的异性朋友可以注视双方的眼部到裆部。

目光注视对方时，不可盯住对方某个部位不动，或是上上下下地不断打量对方，这些都是不礼貌的行为。

（3）注视角度。在商务活动中，眼神的注视角度能传达出与交往对象的亲疏程度，也能大致看出一个人对另一个人的看法。仰视表示尊重或敬仰；平视说明双方关系平等；俯视表示轻视，也可能是对小辈的宽容或怜爱；斜视会让人觉得不屑一顾、被冒犯。

（4）注视方式。注视方式不同，意义也不同。直视表示认真、尊重；凝视，指全神贯注的注视，它表示对于交往对象的专注；虚视，指目光游离，眼神飘忽不定，它表示胆怯、走神、疲乏、失意等；盯视表示好奇，但不可多用，尤其对异性禁用；环视适用于与多人打交道，可表示"一视同仁"；斜视，指从眼角把目光投向别人，是传递漠然甚至轻蔑的心理。

3. 笑容

人的千变万化的表情中，微笑最具魅力。它可以缩短人与人之间的心理距离，为沟通与交谈创造友好和谐的氛围，是取得他人信任赞同的最有效方式。在商务活动中，尤其要学会微笑。

（1）笑的种类。

① 含笑：不露牙齿，不笑出声，只是面带笑意。表示友好、友善。

② 微笑：嘴巴略微打开，露出上齿。表示更深程度的友好、欢迎。

③ 轻笑：笑的幅度略重于微笑，嘴巴适当张大。

④ 浅笑：笑时抿嘴，上齿轻咬下唇，多见于年轻女性害羞时的笑。

⑤ 大笑：嘴巴大张，笑出声音。大笑太过张扬、轻狂，不宜在商务活动中使用。

（2）笑的要点。微笑的目的是传达出愉悦、友好的信息，但是如果笑得不恰当，可能出现笑比哭还难看的情况，或者显得非常虚假。正确的笑应注意以下几点。

① 发自内心：一个人从内心自发的笑和不情愿"挤"出来的笑是完全不一样的，微笑是真正从内心自然而然散发出来的。

② 动作自然：微笑时一般露出上面的 6～8 颗牙齿。要配合肢体语言，而不只有表情，以免显得单调僵硬。

③ 气质优雅：微笑时要善于运用眼睛，让笑意从眼睛里都能看得到，再配合饱满的精神，才会显出优雅的气质。

（3）训练方法。

① 顶书训练法。很多人不明白为什么微笑练习要有一项顶书训练。其实，有些时候，我们笑起来不自觉地头有些上扬，容易被人误解为骄傲。低着头微笑，又让人觉得是在害羞，不够落落大方。因此，顶书训练让我们的头摆正，这样，微笑的时候气质就更好了。

规范的微笑

② 含筷训练法。这种方法是很多企业和公司正在用的方法，就是用牙齿咬住一根筷子微笑。嘴角对准筷子，两边都要翘起，让牙齿露出 6～8 颗，笑得有分寸。

③ 对镜练习法。对着镜子练习，微笑的弧度、露出的牙齿数量、眼睛有没有上扬等，一目了然。

④ 诱导练习法。调动感情，发挥想象力，或回忆甜蜜的过去，或展望美好的未来，自然就会嘴角上扬，一个漂亮的微笑就出来了。

⑤ 相互评价法。这种方法实际上和对镜练习法是一样的，只是其他同事或者朋友能从旁观者的角度迅速找到问题所在。因为当你微笑时，别人看得见，自己看不见，相互评价能让微笑训练获得更好的效果。

（三）笑的禁忌

在商务活动中，严禁出现下面几种"笑"。

冷笑：含有讽刺、轻蔑、不屑一顾、无可奈何、愠怒等意味的笑，它不是发自内心的笑，让人看了生厌。

媚笑：有意讨好他人而故意敷衍的笑，有很强的功利性。

窃笑：偷偷地笑，有洋洋得意或幸灾乐祸之意。

怪笑：笑得怪里怪气，让人看了心里发怵。

假笑：人们常说的"皮笑肉不笑"，让人看上去非常假。

此外，需要注意的是，微笑要分场合、适度使用。

第三节　仪态礼仪

案例导入

战国时期的思想家、政治家和教育家孟子，是继孔子之后儒家学派的主要代表人物，被后世尊奉为仅次于孔子的"亚圣"。

孟子一生的成就，与他的母亲从小对他的教育是分不开的。孟母是一位集慈爱、严格、智慧于一身的伟大的母亲。早在孟子幼年时期，便给后人留下了"孟母三迁""孟母断织"等富有深刻教育意义的故事。孟子成年娶妻后，孟母仍不断利用处理家庭生活琐事的机会去启发、教育他，帮助他从各方面进一步完善人格。有一次，孟子的妻子在房间里休息，因为是独自一个人，便无所顾忌地将两腿叉开坐着。这时，孟子推门进来，一看见妻子这样坐着，非常生气。原来，古人称这种双腿向前叉开坐为箕踞，箕踞向人是非常不礼貌的。孟子一声不吭就走出去，看到孟母，便说："我要把妻子休回娘家去。"孟母问他："这是为什么？"孟子说："她既不懂礼貌，又没有仪态。"孟母又问："因为什么而认为她没礼貌呢？"孟子回道："她双腿叉开坐着，箕踞向人，所以我要休她。""那你又是如何知道的呢？"孟母问。孟子便把刚才的一幕说给孟母听，孟母听完后说："没礼貌的人应该是你，而不是你妻子。难道你忘了《礼记》上是怎么教人的？进屋前，要先问一下里面是谁；上厅堂时，要高声说话；为避免看见别人的隐私，进房后，眼睛应向下看。你想想，卧室是休息的地方，你不出声、不低头就闯了进去，已经先失了礼，怎么能责备别人没礼貌呢？没礼貌的人是你自己呀！"

一席话说得孟子心服口服，再也没提什么休妻回娘家的话了。

仪态和仪容一样，能传达个人信息，从一个人的体态变化，坐、走、蹲、站，举手投足也能判断他的性格、能力、学识和修养等。在中国古代，就有"坐如钟，立如松，行如风，卧如弓"的仪态礼仪要求。

如果说人类的语言可以分为有声语言和无声语言，那仪态便是无声语言，有的时候无声语言比有声语言更具魅力，一个人的气场更多取决于无声语言。温文尔雅、大方从容、彬彬有礼的人更容易受到欢迎。所以，一定要用美好的仪态为自己赢得好感和机会。

仪态主要包括坐姿、站姿、走姿、蹲姿和手势。

一、坐姿礼仪

在商务活动中，坐姿应稳重、不偏不倚。优雅、得体的坐姿能为商务人士加分不少。

（一）坐姿的规范性

1. 入座

入座讲究先后顺序，礼让尊长，不抢座。入座时要轻而稳，动作协调从容。走到座位前，转身后，轻稳地坐下。如果离座位较远，走到座位前，转身后右脚向后退半步，使腿部接触到座位边缘后，再轻轻坐下。女性如果穿着裙装，落座时用手将裙摆拢平，避免坐下后再整理裙子。一般来说，应从座位的左边入座。

2. 落座

落座后，立腰、挺胸、上体自然挺直。双肩平正放松，两臂自然弯曲，双手放在膝盖上，也可以放在座位扶手上，掌心向下。双膝自然并拢，双脚平正放松。目视前方，微收下颌，面带笑容。在正式场合不能坐满座位，通常是坐满椅子大小的2/3或1/2。脊背离开椅背，或轻靠椅背。

3. 离座

离座和入座一样，应讲究礼貌、缓慢、优雅。首先要注意离座的先后，应先让身份高、辈分大者离座；然后要注意起身动作轻缓，尽量不要发出声响；之后要注意离开的方位，应同入座方位保持一致，要坚持"左进左出"；最后站定再走，离座时要自然稳当，从容移步，不要匆忙离去或跌跌撞撞，防止给人轻浮的印象。

坐姿在商务活动的实际运用中又男女有别。

（二）女士坐姿

1. 正襟危坐式

这种坐姿要求入座者的上身与大腿、大腿与小腿、小腿与地面都应同时保持垂直，双脚双膝完全并拢。这种坐姿适用于面谈等正规场合，可以给对方留下诚恳的印象。

2. 双腿交叠式

双腿上下交叠，叠放在上的脚的脚尖应垂向地面，或收于另一只脚小腿后而脚尖垂向地面。两腿交叠成一条直线，双脚可根据座椅的高度选择自然斜放或垂放。穿短裙的女性可以采用此种坐姿，但要避免手抱膝盖，因为这样会导致上身含胸驼背，看起来不太雅观。

"二郎腿"一般被认为是一种不严肃、不庄重的坐姿。不过采用这种坐姿时，只要注意上面的小腿往回收和脚尖向下这两个要求，不仅外观优雅美丽、大方自然、富有亲切感，而且可以充分展示女性的风采和魅力。

正襟危坐式　　　　　　　　双腿交叠式

3. 双脚斜放式

坐在较低的座椅上时，双脚常常无法平放于地面，尤其对于穿短裙的女性，容易裙底"走光"，较为不雅。这时最好是将两脚并拢后向右侧或者左侧斜放，与地面成45°左右的夹角。

双脚斜放式　　　　　　　　双脚交叉式

4. 双脚交叉式

膝盖靠拢，将两腿斜放在一侧，并将一条腿放在另一条腿的后面交叉，用脚的前部点地。

5. 前伸后立式或前立后伸式

这种姿势是将左脚或右脚向前伸出，另一只脚收于左脚或右脚之后，让两条腿成一条直线。可以将重心均匀地分散在两腿之间，但大腿要保持并拢的状态。

以上几种坐姿都可将手自然地覆于大腿上。

前伸后立或前立后伸式

（三）男士坐姿

1. 标准式

上身正直上挺，双肩放平，两手放在两腿或扶手上，双腿可微微张开，注意不能超过自己的肩部。小腿垂直落于地面，双脚自然分开45°。

2. 前伸式

在标准式的基础上，两小腿前伸一脚的长度，左脚向前半脚，脚尖不要翘起。

3. 前交叉式

小腿前伸，两脚踝部位交叉。

4. 斜身交叉式

两小腿交叉向左斜出，上体向右倾，右肘放在扶手上，左手扶把手。

5. 重叠式

右腿叠放在左膝上部，右小腿内收、贴向左腿，脚尖自然下垂。

标准式　　　　　　　　前伸式　　　　　　　　重叠式

（四）坐姿禁忌

在商务活动中，以下坐姿不可有。

（1）随意将头或背向后倚靠，或者左顾右盼、摇头晃脑。

（2）上身不直，东倒西歪。

（3）双手抱于脑后或紧抱小腿。

（4）快起快坐。

（5）双腿叉开，伸得很远或摇晃脚尖。

（6）男士架腿太开，腿与腿之间留有较大的空隙，成了所谓"架二郎腿"。

（7）用脚钩住座椅腿。

（8）双腿直伸出去。坐下后，不宜将两腿直挺挺地伸向前方，这样做不仅妨碍他人，也很难看。如果前面有桌子，双腿千万不要伸向外面。

（9）脚尖指向他人。无论采用哪一种坐姿，都不能将自己的脚尖指向别人。

错误的坐姿　　　　　　　　　　　错误的坐姿

礼仪小贴士

（1）女性落座时，不要把手夹放在两腿之间。

（2）落座后，女士把手自然放在腿上，压住裙子。

（3）落座后，不要把腿和脚伸得很长或放在别人椅子下面抖动。

二、站姿礼仪

站姿是人的一种本能，是一个人站立的姿势，常言道"站如松"。站姿是商务交往中一种最基本的举止。优美、挺拔的站姿能给人以美感，展现出一个人良好的精神面貌与风度。

（一）标准站姿

（1）头正。头顶有向上拔伸的感觉，下巴微收。两眼平视，目光柔和、有神，面带微笑。

（2）颈直。颈部如果不直会给人畏首畏尾的感觉。

（3）肩平。肩膀打开，不要端肩，稍向后下沉。双臂自然下垂，放于身体两侧，手指自然弯曲。

（4）挺胸收腹。腰背挺直，腹部向内收紧，呼吸自然。

（5）收臀。两腿直立，臀部肌肉上提，大腿内侧收紧。

（6）膝盖顶直。膝盖用力往后顶。

（7）脚跟并拢。两脚脚后跟要并拢，脚尖展开45°至60°，身体重心落在两脚之间。

男士还可以两脚略微分开站立，以不超过两肩的宽度为宜，女士可以站立成小的丁字步或两脚完全并拢。但无论双脚的位置如何变化，女性的双膝必须完全靠拢。

女士的标准站姿 男士的标准站姿

（二）站姿的禁忌

1. 忌身体歪斜

站立时，偏着头、斜着肩、弯着腰、驼着背、曲着腿或膝盖不直，这都是不正确的站姿，也会显得人没有精神。

2. 忌趴伏倚靠

站立时，趴在某个地方，或用手肘支着，或倚着墙壁、柱子、门框，靠在桌子边，都是不可取的。

3. 忌双腿大开

站立时，双腿分开的幅度一般情况下是越小越好，能并拢要尽量并拢，即使分开也要注意，两腿之间的距离不能大于两肩的距离。而女性则最好双脚并拢，至少也应该双膝紧靠。

4. 忌脚位不当

正常情况下的站立，双脚应是 V 字式、丁字式或平行式，不能采用人字式、蹬踏式等脚位。也不应用脚去乱踢乱画、勾东西、蹭痒痒等。

5. 忌手位不当

站立时，不应该将手插在口袋里，或者抱于胸前，或叉腰，或用手托住下巴，或用手摸衣服、裤子等。

6. 忌抖腿

站立时，以一只脚为重心，另一只脚抖来抖去，会给人非常轻浮的感觉。

错误的站姿　　　　　　　　　　　　　错误的站姿

（三）训练站姿的方法

1. 五点靠墙

贴墙直立，全身背部紧贴墙壁，然后尽量减少后脑勺、肩、腰、臀部及脚后跟与墙壁间的距离，每天坚持 15 分钟，可以塑造良好的站姿。

2. 头上顶书

头顶书本按照标准姿势站立，努力保持书在头上的稳定性，不要让它掉下来。

3. 双腿夹纸

女性还可以将一张纸夹在双膝或小腿之间，再按照上述方法站立。

三、走姿礼仪

人们常说行如风，是说走路像风一样轻盈，是一种动态的姿态美。行走是人的基本动作之一，要想走得优雅、走出风度，则需要掌握走路的要领。

（一）标准走姿

抬头并保持颈部向上挺直，两眼平视前方；上体正直，挺胸、收腹、直腰；迈步时，重心前倾，落在前脚掌上。当前脚落地、后脚离地时，膝盖一定要伸直；步幅适中，不要太大或太小；行走时，腰部以上至肩部应尽量减少动作，保持平稳；双臂靠近身体，随着步伐自然地前后摆动；手指自然弯曲并朝向身体；行走时，脚尖向前，不要向内或向外，同时还要尽量走在一条直线上。

女士的走姿

（二）其他走姿

1. 后退步

与人告别时，应当先后退两三步，再转身离去。退步时，步幅要小，先转身后转头。

2. 引导步

引导时，要尽可能走在宾客左侧前方，整个身体半转向宾客方向，保持两步距离，用左手引导，遇到上下楼梯、拐弯、进门时要提示客人上楼、进门等。完全背对客人，是不礼貌的。

正确的引导步

3. 前行转身步

在前行中转弯时，向左拐，要右脚在前时转身；向右拐，要左脚在前时转身。避免双脚交叉或双脚并拢时转身。

（三）走姿的禁忌

（1）忌身体摇摆。行走时，切忌手臂和身体摆动，那样显得人特别慵懒、轻薄。

（2）忌弯腰驼背。含胸躬身，低头无神，步履蹒跚，会给人特别压抑、没精神的感觉。

（3）忌双手乱放。工作场所，走路时不要把手插在衣服口袋里，尤其是裤子口袋，也不宜叉腰或倒背着手。双臂应在身体两侧自然随着步伐摆动。

（4）忌声响过大。行走时，切忌用力过猛，脚步声响太大会惊扰到别人，事情紧急，可以加快脚步。脚步应干净利索，轻盈。

礼仪小贴士

（1）不走"内八字"或"外八字"步。

（2）女士在穿高跟鞋时，不要奔跑。

（3）如果高跟鞋的鞋跟下面的橡胶底坏了，要马上更换。

四、蹲姿礼仪

在日常生活中，我们经常要运用蹲的姿势捡取地面物品、系鞋带，或对工作岗位进行收拾、清理等。但很多人，特别是女性，在做这些事情时，弯身曲背、低头撅臀、双腿叉开、平衡下蹲，这些都是不雅观、不礼貌的蹲姿。尤其在国外，人们把穿裙子的女性下蹲并两脚敞开的姿势称为"卫生间姿势"。如何能既方便捡取物品，又做到不失文雅大方呢？

（一）常用的蹲姿

1. 高低式

其要求是一条腿在前，另一条腿在后，两腿靠紧向下蹲。前脚完全着地，后脚脚跟提起，后膝低于前膝，后腿内侧可靠于前腿内侧，形成前腿高、后腿低的姿势。臀部向下，上身微微向前倾，基本靠前腿支撑，身体维持平衡。采用此种蹲姿，女性应双腿并拢，并把前腿大腿外侧示人。男性选用这种蹲姿时，两腿之间可以有适当距离。

高低式蹲姿

2. 交叉式

身穿短裙的女性适合这种蹲姿。在下蹲时，一条腿居于前，另一条腿靠后，前腿在上、后腿在下的方式交叉重叠，后腿膝盖从后下方伸出前腿内侧，脚跟抬起，脚尖着地，两腿前后靠紧，合力支撑身体平衡。

交叉式蹲姿

3. 半蹲式

这种蹲姿多在人们行进中采用，即身体半立半蹲，要求在下蹲时，上身稍稍向下弯，双膝微微弯曲，臀部向下，角度根据实际情况稍作调整，身体的重心应当放在两条腿上。女性两腿之间不宜分开，男性双腿可稍微分开。

半蹲式蹲姿

4. 半跪式

这种蹲姿多适用于下蹲的时间较长或搬较重的物品时。即双腿一蹲一跪，下蹲以后，改用一条腿单膝着地，以其脚尖点地，而让臀部坐于脚跟上，另一条腿应当全脚着地。双膝必须同时向外，双腿宜尽力靠拢。

半跪式蹲姿

男性一般采用高低式或半蹲式，女性一般采用高低式或交叉式。

（二）蹲姿的禁忌

1. 忌方位不当

下蹲时，如果身边有其他人，最好是与之侧身相向。正面对着他人下蹲，或者背部对着他人下蹲，都是不礼貌的。

2. 忌距人过近

下蹲时，身旁如果有人，应与他保持一定的距离，不可挨得过近。如果几个人同时下蹲，更不能距离太近，否则很容易彼此碰到一起。

3. 忌毫无遮掩

如非得在公众场合采用蹲姿，特别是穿裙装的女性，一定要避免下身毫无遮掩的情况。蹲下后，两腿一定不能分开，"走光"是一种很不礼貌、没有修养的行为。

4. 忌弯身曲背、低头撅臀、双腿叉开、平衡下蹲

忌低头撅臀下蹲　　　　　　　　忌平衡下蹲

礼仪小贴士

（1）在别人面前下蹲，要礼貌地事先告知。

（2）下蹲时，应该保持身体挺拔。

（3）穿长裙下蹲时，要把裙摆挽一下，不要让它拖在地上。穿短裙时，尽量不要下蹲，非蹲不可时，应放慢动作，一定不要让双膝分开。

（4）女士下蹲时，如穿的衣服衣领较低，则要用手按住衣领开口处。

五、手势礼仪

在商务活动中，手势的作用非常大，可以配合有声语言传情达意，可以单独使用表达一些简单的含义，也可以与表情相呼应。即使同一个手势，在不同的国家表达的意义也不一样。了解一些常用的手势，有助于更好地与人沟通交流。

（一）手势的基本要求

（1）简约明快。手势应简约明快，不能过于频繁和复杂，以免使人眼花缭乱。

（2）优雅大方。手势应优雅大方，幅度不宜过大或过小，以免显得太随意或太拘谨、太小气。

（3）协调自然。做手势时要配合相应的身体语言或有声语言，动作要协调、自然、不做作。要做到眼随手动，面带微笑。

（二）常用的手势

1. 单臂横摆式手势

具体做法是手掌自然伸直，手心斜向上，肘部弯曲，腕低于肘。开始时手势从腹部前或身体侧面抬起，以肘为轴轻轻向一旁画出，到腰部并与身体正面成45°时停止。头部和上体稍微向伸出手的一侧倾斜，另一只手臂下垂，或背在背后，或放在腹部。做这种手势的同时，女士的双脚站成丁字步，男士两脚可稍分开站立。眼睛从客人再到手掌所指的方向，面带微笑。这种手势常常用于引导客人，一边对客人说"您好，请进"，一边做出"请进"的手势。

单臂横摆式手势1

　　另一种做法也是手掌自然伸直，手心向上或斜向上，腕高于肘部，肘部弯曲角度较小，开始时手势从腹部前或身体侧面抬起，以肘为轴轻轻向一旁画出，到肩部成 45°~60°时停止。做这种手势的同时，女士的双脚应站成丁字步，男士两脚可稍分开站立。眼睛从客人再到手掌所指的对象，面带微笑。这种手势常常用于介绍客人或引导客人，一边对客人说"这位是我们×总""请大家看这里"，一边做出这种手势。

单臂横摆式手势 2

2. 直臂式手势

　　具体做法是五指伸直并拢，手心斜向上，屈肘由腹前抬起，向指引的方向摆去，到肩的高度时停止，肘关节基本伸直。为客人指引稍远的方向时，宜采用这种手势。在指引方向时，应侧对着客人，同时带上几句礼貌用语，如"您好，请往前直走""请您往那边走"等。

直臂式手势

3. 双臂横摆式手势

　　具体做法是双手从身体两侧经过腹前抬起，两手掌向上，肘关节微曲，向两侧摆出，上身稍前倾，微笑施礼。这种手势多用于公务繁忙或宾客较多时，还可加上礼貌用语，如"欢迎大家的光临"等。

双臂横摆式手势

4. 双臂斜摆式手势

如引领年长的、位尊的宾客往右方向或坐在相应位置，具体做法是右手在前，左手在后，两手掌向上，以肘为轴向要走的方向摆出，双手微微弯曲，右肘弯曲度略小于左肘，上身微微向前倾，并面带微笑说"您走这边""您请坐"。

双臂斜摆式手势

（三）相同手势在不同国家和地区的含义

有些手势在不同的国家和地区有不同的含义，所以在与外宾进行商务活动时，要先了解清楚，否则要慎用，以免造成尴尬或不愉快。

1. V 形手势

食指和中指向上伸直，拇指压在弯曲的无名指和小拇指上，手掌向外，成 V 形的手势。这个手势主要用来表示"胜利""成功"，它是英文单词 victory 第一个字母的缩写，据说是第二次世界大战期间英国首相丘吉尔发明的。表示胜利的含义时，掌心一定要向外，如果掌心向内，就是贬低人、侮辱别人的含义了。这个手势在中国也有表示数字"二"的意思。

2. "OK"手势

拇指和食指相接成一个环形,其余三个指头伸直或略弯曲,掌心向外的手势。在美国、英国等西方国家,这是表示"OK"的手势,即"赞同""允许""好"等;在法国表示"零"或"无";在印度表示"正确";在中国,有时表示"三"这个数字,大多也会表示OK的手势;在日本、缅甸、韩国,表示"金钱";在巴西表示"引诱女人"或"侮辱男人"之意;在地中海一些国家则是"孔"或"洞"的意思,常用此来暗示同性恋。

3. 大拇指手势

左手或右手握拳,向上伸出大拇指,拇指指肚朝向他人的手势,在中国,这一手势表示"好""了不起""点赞",有夸赞表扬之意;在日本,表示"男人""您的父亲";在韩国,表示"首长""父亲""部长";在意大利,伸手数数时表示"一";在希腊表示"够了";在美国、英国等,则表示"好""不错"等意思。如果拇指向左或向右伸,则大多数表示向司机示意搭车的方向。

如果拇指向下,在中国表示"向下""下面";在希腊,表示"坏蛋""厌恶";在英国、美国、菲律宾,表示"不能接受""不同意""运气差"。

4. 食指手势

左手或右手握拳,伸出食指。大多数国家的这一手势表示数字"一";在法国,表示"请求提问";在新加坡,表示"最重要";在澳大利亚,表示"请再来一杯啤酒"。使用这一手势时,不能用食指指着别人,那样是极不礼貌的行为。

(四)手势的禁忌

在运用手势时,要注意以下几个方面。

(1)不要对别人指指点点,不要用手指指向他人,更不能对人竖起中指或竖小拇指。

(2)不可以用拇指指向自己。交谈中如果要指向自己,应掌心向内,拍在胸脯上。

(3)不可当人面做不雅的动作,如掏耳朵、搔头皮、挖眼屎、抠鼻孔、剪指甲、挠痒痒等。

礼仪小贴士

(1)鼓掌手势应用右手轻拍左手掌心,鼓掌要注意时机,在听、看音乐会时，不要中途鼓掌，一定要等演出结束时热烈鼓掌。不要戴手套鼓掌。

（2）不要为了做手势而做手势，以免显得突兀僵硬。手势运用得好，能增添高雅、不凡的气质；如果运用不当，会适得其反。而人体各种体态应相互配合使用，成为一个整体来反映一个人的举止修养。在这种修养中，男士要力求具有阳刚之美，女士则应做到优雅得体。

延伸阅读

［1］袁涤非.商务礼仪实用教程［M］.北京：高等教育出版社，2016.

［2］金正昆.商务礼仪教程［M］.5 版.北京：中国人民大学出版社，2016.

［3］陈玲，张浩璐.商务礼仪［M］.北京：清华大学出版社，2013.

［4］刘民英.商务礼仪［M］.上海：复旦大学出版社，2014.

［5］翟文明.中国人容易犯的1000个礼仪错误［M］.哈尔滨：黑龙江科学技术出版社，2008.

［6］张晓梅.晓梅说商务礼仪［M］.北京：中国青年出版社，2014.

［7］赵春珍.中外礼仪故事与案例赏析［M］.北京：首都经济贸易大学出版社，2011.

视频链接

1. 中国大学精品视频公开课"现代礼仪"第二讲。http://open.163.com/movie/2011/10/4/F/M7GFJSVBV_M7GUB604F.html。

2. 国家精品在线开放课程（慕课）"现代礼仪"第二章。https://www.icourse163.org/course/1204HNU001－20005。

3. 化妆步骤与要点。http://video.eastday.com/a/180324225401505713544.html?qid=01359）。

4. 面部护理步骤与要点。http://www.iqiyi.com/w_19rrtdm651.html。

第 三 章

商务社交礼仪

　　现代社会是一个高度发展、竞争日趋激烈的社会。企业要想在激烈的竞争中胜出，立于不败之地，在纷繁复杂的人际关系中创建融洽和谐的合作氛围；商务人士要想在社交场合中得到他人的尊重，成为一个彬彬有礼、受人欢迎的人，就需要掌握一定的社交礼仪。社交礼仪是人际交往的润滑剂，它不仅可以体现企业、员工的外在形象，也可以体现其内在的涵养，还可以促使人与人的交往与合作更加顺利、愉快。本章的商务社交礼仪是指商务人士在商务往来中应该了解和学习的礼仪知识，具体包括商务办公礼仪、商务见面礼仪、商务谈判礼仪和商务出行礼仪四个部分。

第一节　商务办公礼仪

💬 案例导入

2004 年 11 月,《中国青年报》登载了一篇题为《20 名本科生被"炒鱿鱼"公司称学生修养不及格》的文章,主要讲述了:"今年 7 月,重庆某公司招聘了 21 名大学生。让人始料未及的是,在随后的 4 个月时间里,该公司陆续开除了其中的 20 名本科生,仅仅留下了一名大专生。据该公司反映,这些大学生被开除的主要原因是他们的自身素质和道德修养不能胜任公司的人才要求。"

据记者了解,像前两名本科生一样,其余十几名本科生被开除的主要原因也是个人修养存在缺失。

第三个被公司"扫地出门"的是一名本科毕业的女学生,喜欢睡懒觉,上班经常迟到,还在工作时间上网聊天,经多次警告仍置若罔闻,最终被公司"开回家"。

另有 3 名大学生因"张狂"而被"卷了铺盖"。他们在与客户吃工作餐时,夸夸其谈,大声喧闹,弄得客户和公司领导连交谈的机会都没有。席间,更有一名男生张嘴吐痰,一口痰刚好落在了客户的脚边,惊得客户一下子从凳子上跳了起来。该男生却像什么事都没有发生一样继续吃饭,结果可想而知。

最让人难以接受的是,有一次,公司老总带领公司员工到外地搞促销,在海边租了一套别墅,有 20 多间客房,但员工却有 100 多人,很多老员工甚至老总都只能睡在过道上。而有些新来的大学生却迅速给自己选好房间,锁上房门独自看电视。这些学生好几次走出房门看见公司前辈睡在地上,竟都视而不见,不吭一声。此事又让几名大学生丢了饭碗。

最后被开除的是一名男生,他没与对方谈妥业务就飞到南京,让公司白白花了几千元的机票钱。当领导问及此事时,他却不依不饶:"我没错,是他们变卦,您是领导我也不怕!"

他被开除后,邀约两名同事一起走。接下来,3 人又从公司里拉走了几个人。

就这样,3 个多月下来,20 名本科生全都离开了公司。

而唯一没有被"炒掉"的"幸运儿"是一位女大专生。

她的工作记录本封面上写着两个字：用心。"我只是比别人更清楚，自己比别人少了什么东西。我虽然没有很高的文凭，但是我觉得'细微之处见匠心'。尤其是在和客户面对面接触的时候，可能会因为我的一个眼神，或者是我的微笑不到位，就让人觉得心里不舒服。这种不舒服如果转变成一种对立情绪的话，势必影响到工作，对公司的业务发展也可能造成很大的甚至是负面的影响。"在她看来，作为公司的一员，应该懂得自己的言行必须符合公司的正当利益。对自己的前途负责，首先是对自己所在单位负责、对工作负责。

她介绍说，因为刚接触工作，很多东西都需要学习，她就借公司其他员工的资料看，经常看到深夜。而且她特别喜欢问，几乎公司上上下下的同事都被她问遍了，大家都笑话她是"十万个为什么"。

正是这份勤奋和谦逊，让这位女大专生笑到了最后。

有专业人士指出，大学生在求职时，要得到用人单位的认可，修养和学识缺一不可。无论做任何事情，都应该首先学会做人。

"有些大学生在刚跨入社会时，其角色转化、人际关系、思想认识等都可能存在一些问题。"该公司老总就此事评论说。这件事可以给大学生们提个醒，从进入大学的第一天到面对自己的第一份工作，大学生在注重调整自己知识结构的同时，也应该注重自己的道德修养，把握好处事分寸，从各方面提高自己的综合素质。

对现代职业人士而言，商务社交礼仪充分体现了个人的职业素养，拥有丰富的礼仪知识，能够根据不同的场合应用不同的交际技巧，往往会令事业如鱼得水。

"不学礼，无以立。"在商务交际活动中，事事讲究礼仪、处处表现得体是商务人士待人接物彬彬有礼、广受欢迎的法宝。

一、电话礼仪

"礼，天之经也，民之行也。"打电话时可能未曾谋面，只闻其声，要想给对方留下好印象，就一定要注意打电话的礼仪。以下是有关电话礼仪的基本内容。

（一）三声之内接听电话

当我们打电话给某公司时，若接通就能听到对方亲切、优美的打招呼声，会让彼此保持一份愉悦的心情进行对话，同时会让对方对您的公司产生较好的初次印象。若长时间无人接电话或让对方久等，会让对方在等待时的心情十分烦躁，您的公司会给他人留下不礼貌的印象。一般来说，电话铃声响一声大约 3 秒钟，因此，办公室电话铃在响 3 遍之前就应接听，如果铃响 3 遍后再接电话就应道歉："对不起，让您久等了。"

（二）接起电话自报家门

在接电话时要有"人人都是公司形象代言人"的意识，主动说："您好，这里是××公司××部门的×××。"对方打来电话，一般会自己主动介绍。如果没有介绍或者你没有听清楚，就应该主动问："请问您是哪位？我能为您做什么？您找哪位？"在商务交往中，不应该拿起电话听筒张嘴就盘问："喂！哪位？"或"您要找谁呀？"这会让对方感觉到陌生而疏远，缺少人情味。如果对方找的人在旁边，你应说："请稍等"或"麻烦稍等片刻，马上为您转接"。然后用手掩住话筒，轻声招呼你的同事接电话。如果对方找的人不在，你应该告诉对方，并且问："请问需要留言吗？我一定转告！"或"请问有什么需要我转告的吗？"

（三）面带微笑声音清朗

在接听电话时，应注意嘴和话筒保持 3~4 厘米左右的距离。耳朵要贴近话筒，仔细倾听对方的讲话。当你拿起电话听筒接电话的时候，要面带笑容，保持清晰悦耳的声音，礼貌谦恭的语言会将企业严谨干练的良好形象传递给客户，这无疑是对企业文化的无声诠释，对方会对其所在公司留下好印象。如果接电话时有弯着腰懒散地躺在椅子上，或者打电话过程中有吸烟、喝茶、吃零食等行为，对方是能够"听"出来的。接电话的声音无精打采、接电话的人缺乏基本的沟通技巧、不够热情等行为，难以让对方对该公司留下良好的印象。因此，打电话时即使看不见对方，也要当作对方就在眼前，尽可能注意自己的行为姿势。不要让对方在电话中感到你很懒散或是你今天的心情不好，这样会让对方失去对你的信任。

（四）详细记录来电内容

在公司上班时间打来的电话几乎都与工作有关，每个电话都不可敷衍，所谓"好记性不如烂笔头"，在接打电话时手边应备有便笺纸、笔、相关资料等，以便认真清楚地记录。电话记录既要简洁又要完备，还要掌握 5W1H 技巧，所谓 5W1H 是指：① When 何时；② Who 何人；③ Where 何地；④ What 何事；⑤ Why 为什么；⑥ How 如何进行。如果对方要找的人不在，需礼貌地向对方解释并告知对方：等他/她来了之后一定会转告，请对方留下联系方式。在挂电话之前，最好重复对方的姓名、电话号码以

接打电话时手边应备有便笺纸、笔、相关资料

及重要的细节，如对方不愿意，则不必再三询问。

（五）结束通话讲究礼貌

电话交谈时，挂电话一般由打电话的一方提出，向对方说"谢谢"并用愉悦的声音向对方说"再见"，为表示尊重，去电话的一方或下级要等对方挂了电话后再放电话，切不可只顾自己讲完就挂断电话。

礼仪小贴士

（一）打电话的最佳时间、空间和时长

1. 时间

公务电话最好避开节假日、晚上9：00至次日6：00、临近上下班等时间段。

2. 空间

私人电话不要在办公室打，要避开同事。你在公众空间打电话，对其他同事来说实际上是一种噪声骚扰，因此非紧急事情尽量不要在公众场所打电话。

3. 时长

无重要事情，牢记三分钟原则。

（二）使工作顺利的电话术

（1）迟到、请假要自己亲自打电话；

（2）外出办事要随时与公司保持联系；

（3）外出办事要告知公司自己的去处及电话；

（4）延误拜访时间要事先与对方联络；

（5）用传真机传送文件后要以电话联络；

（6）同事家中的电话不要轻易告诉别人。

二、网络礼仪

"人无礼则不生，事无礼则不成，国家无礼则不宁。"当下，微信等网络媒介日益成为人们喜爱和依赖的重要社交软件之一，家庭间、同事间、朋友间为了交流方便，通常会建立一个公共微信群，共享信息，互通消息，成员可以将有趣味性和有知识性的微信文章或视频转发到群里共赏。然而，微信群转发不能太"任性"，一定要遵守网络礼仪，忽视网络礼仪可能会对他人造成骚扰，甚至会引发网上骂战，如果你接收了含有暴力恐怖内容的图文、音视频等内容，在没有弄清事实真相的情况下就在微信群里转发的行为，还可能会触犯刑法。以下介绍的是关于微信礼仪的相关内容。

（一）微信聊天礼仪

1. 及时回复微信

有时你因为忙而无法回复某个朋友的微信，等你忙完后，很可能那位朋友的信息已被群信息所覆盖，导致你可能会忘记回复这条微信，或者过好几天才想起来要回复。如果没能及时回复，一定要在方便的时候向对方解释原因，并表示歉意。

2. 尽量少发语音

使用微信联系他人时，尽量发送文字消息，而不是语音，尤其是在群聊时，如果发送微信语音，别人可能在开会、上课、向领导汇报工作或者有其他重要的事项。这时发送文字可以一目了然，也节省阅读时间。如果实在是因为时间紧急，打字速度慢需要发语音，可以先发条信息征得别人的同意。当然，如果你和对方关系特别好，又经常互发微信语音，对方会在方便的时候接听语音。

3. 不要狂轰滥炸

在微信群里聊天时，你可以扮演话题引导者和气氛活跃者的角色，但要把握好度，不要一天24小时不间断地"狂轰滥炸"，或者不停地刷屏发一些"垃圾信息"和"心灵鸡汤"。

4. 不要强求点赞

尽量不要在微信群或微信朋友圈里发广告，以及强行要求群成员或朋友点赞。

5. 远离不良信息

（1）不要发有伤风化的内容。比如："不转发您的家人就会被诅咒"

或是"转发之后您的爸妈将会长命百岁"。被这类消息刷屏之后,人就会开始质问自己到底是不转发来诅咒自己,还是转发继续去诅咒别人。

(2)不要发没有根据的内容。比如,每年随着高考日期的临近,各大微信群就会出现一则关于"捡到考生高考准考证"的消息在网上发酵热传,众多热心网友便纷纷"爱心接力"帮忙转发寻找考生。后来经某省公安厅官方微博发帖辟谣,称"请善良的网友注意,某某丢准考证的消息是假的,去年的这个时候出现了同样的人名,同样的电话。请提高警惕,谨防上当!"警方还提示网友看到此类消息,不要盲目转发或拨打电话,以免信息误传,同时要谨防吸费电话诈骗。因此,在没有弄清真相的情况下,不造谣、不传谣、不信谣,不煽动他人情绪,坚决远离不良信息,勿传假消息,谨防诈骗。

6. 巧用表情符号

若怕别人看不懂你的文字语气,记得加个表情。不同的人可能会对相同的一段文字有不同的解读。有时,人与人之间的误会就是由这些不同的解读而产生的。所以,如果你想避免这种误会,你可以在回复别人"好的""OK"之类的时候再加个友善的表情。聊天时适当加个表情符号,会让人产生亲近感,更直观地表达自己的情绪,也能通过符号释放出您的善意和愿意与对方沟通互动的心意,活跃聊天气氛。如果在聊天中你无意间说错了话,发个表情符号、动图和表情包是能够挽救陷入尴聊僵局中的你们的。

7. 懂得网络语言

有些词是带有网络专属语气含义的,比如,噢噢、哦哦、哦、嗯、呵呵等。如果与他人聊天时,对方总回复"哦"或者"嗯",表明对方很可能有其他事,没有专注和你聊天,或者是不想继续和你聊下去了,要懂得适可而止。

8. 不要拉人进群

不要随意拉别人进微信群,除非是征求了群主和本人的同意。要想到你的朋友们被你莫名其妙地拉进群后,他们有可能立刻会接到很多要求加为朋友的验证请求,而有些人并不愿意和很多陌生人建立联系。

9. 适时推送消息

注意发消息的时间,微信的提示消息会打扰别人休息,因此不要在半夜或大早晨发,不要在别人休息时间里发;同时别人在这个时候也不一定会及时回复您。如果对方不回,不要连续发。

（二）朋友圈的礼仪

1. 营销广告要适量

朋友圈不是营销平台，所以发营销广告要适量，最好是发软文广告。建议不要发太多和工作内容相关的事情，虽然会被同在朋友圈的老板视为勤勉，但是朋友圈内的其他人并不都是你的老板或上司，在朋友圈的同事会认为你做事张扬高调。

2. 点赞评论要用好

看到朋友发的一些内容，可以适当点赞或评论，当然点赞要注意内容，不要别人发一条悲伤的消息也去点赞，此时，评论安慰即可。

3. 回复评论要注意

当所发的微信内容有朋友评论，要注意以"回复×××："的方式回复，这样其他参与回复的朋友就不会收到与自己无关的消息提醒。

4. 不轻易拉黑别人

如果不喜欢一个人在朋友圈中发的信息，尽量不要选择把他"加入朋友圈黑名单"，因为被朋友拉入"黑名单"是一件很没有面子的事情，为了避免人际交往的尴尬，尽量"不拉黑"朋友。可以"设置朋友圈权限"，选择"不看他（她）的朋友圈"。

5. 不要刷屏发文

发朋友圈时尽量不要刷屏，不要让朋友打开朋友圈时，看到满屏都是你发的内容，朋友受不了的话，可能会设置朋友圈权限为"不看他（她）的朋友圈"。

6. 不透露朋友信息

不要把朋友的电话号码、微信等信息随便透露给另一个朋友，出于社交礼仪，最好事先征得朋友的同意。

（三）QQ群、微信群的礼仪

1. 不要公群私聊

微信群里如果两个人的对话较多，不要当着大家的面持续交流，可以互加好友私聊，避免扰众。

2. 尽量少发语音

在微信群里交流尽量用文字表达而不用语音，因为群里有些人可能在开会或上班，不方便点开听语音内容。

3. 内容不要冗长

在群里尽量不要发太长、需要几屏才能看完的文字，这样别人要想看其他人在说什么，就需要费力跳过你发的文字才行。

4. 不要刷屏狂轰

群聊切记不要连续发表情包或其他文字刷屏轰炸，QQ 群、微信群是聊天的地方，不是个人的情绪发泄地。

5. 尊重他人为本

互联网给予来自五湖四海的人们一个共同的地方聚集，这是高科技的优点，但往往也使得我们在面对电脑荧屏时忘了是在跟其他人打交道，我们的行为也因此容易变得更粗劣和无礼。要记住，当着面不能说的话在网上也不能说。

6. 严格遵守群规

同样是网站，不同 QQ 群、网络论坛有不同的规则。比如，有些论坛制定了群管理规定，不允许在群内发布广告、拉票和各类未经证实的求助捐款信息；有些群规定入群 1 天内须按"区域 + 单位 + 姓名"的模式修改个人名片，如果不按照群规执行，就可能会被群主踢出该群。因此，入群时你最好先了解群规，知晓哪些是可以接受的行为。

7. 维护公众印象

进群之后，应修改合适的群名片，进群的时候最好简单做一下自我介绍，或者请拉你入群的人介绍一下，其他人也可以表示欢迎。由于网络的特殊性，你的一言一语将成为别人对你印象的唯一判断依据。如果你对某个方面不是很熟悉，可以找几本书学习一下再开口，无的放矢只能被扣个"灌水王"的帽子。同样地，发帖以前应仔细检查语法和用词，不要挑衅和使用脏话。

8. 注意群聊时间

夜间和清晨在群里发消息对于群里的其他人是一种干扰，因此别在晚上 10：00 后或早上 8：00 前进行群聊。

9. 争论以理服人

在群里碰到某类问题进行争论是正常的现象。要以理服人，不要进行人身攻击。

10. 尊重他人隐私

别人与你私聊的记录应该是隐私的一部分，不要将私聊的信息对外公布。如果你认识的某个人用笔名上网，未经同意在论坛里将他的真名公开也不是一个好的行为。

（四）微信红包礼仪

1. 不要轻易索要红包

微信里面经常出现这类消息，多年不联系的朋友，突然发"给我发10元红包嘛，我有急用，待会还你""马上平安夜了，发12.24元给我买半个苹果吃，可否""试试我们友情值多少钱"之类的消息给你，请记住，你是我朋友，不是乞丐，不要到处向人要红包，虽然钱不多，但令人反感。

2. 群包私包要分开发

如果红包是指定要发给某个人的，请私下发红包给别人，不要动不动就往群里面发，群红包是群里面所有人都可以抢的，误抢了别人的专属红包又要退回去是一件很尴尬的事！

3. 红包祝福需写清楚

如果是给别人发的份子红包（礼钱），一定要在红包上面写上祝福的话，这个是礼貌，包括还别人钱，上面也要写上感谢的话。总之，发红包时，一定要写清楚红包的用途，不然别人不知道你为什么会发这个红包。

4. 不强求别人发红包

有的人连续几次都抢到手气最佳，这时别的群成员就会让手气最佳的人发红包。请记住，别人发不发是别人的意愿，不要强行要求别人发红包。

5. 红包不要只抢不发

抢群红包是一件很开心的事，但群里面总有那么些人只抢不发，一毛不拔，其实这点小心思，群成员都看在眼里，哪些人破费了，哪些人赚了，大家都心知肚明，久而久之也就看出一个人的品行，从而就不再愿意与其交往了。

三、文书礼仪

商务文书是在商务交往中人与人之间、人与组织之间、组织与组织之间用来调整、改善和发展相互关系的书面文字。在商务活动中，及时准确得体的文书，可以展现个人的文化素质和企业的良好风范。因此，商务人士了解文书礼仪，在书面文字上做到礼貌周到、有礼有节，是十分必要的。

礼仪小故事

2017年8月25日，一条新闻曝光，标题是《暗访海底捞：老鼠爬进食品柜，火锅漏勺掏下水道》。只看标题就已经很倒胃口了。事情是这样的：2017年5月初，有记者通过面试和入职培训后，进入北京一家海底捞门店。入职第一天，就在后厨发现了老鼠，在接下来的两个月里，记者记录了后厨老鼠横行、扫垃圾的簸箕放在洗碗池中清洗、用火锅漏勺掏下水道等，有图有真相，触目惊心。著名的餐饮企业海底捞在一夜之间被拉下神坛。紧接着，海底捞迅速发表官方声明，大致逻辑是"这锅我背，这错我改，员工我养"。短短一天，上午沦陷，下午舆情惊天逆转，原本的民怨沸腾，瞬间扭转为"当然是选择原谅它"。

有人把海底捞的道歉信称为"危机公关的满分作文"。首先，海底捞没有把这件事当作偶然事件来处理，而是直接告诉消费者，这是他们公司一直存在的顽疾。海底捞坦白：公司内部每个月都会处理类似的食品安全事件。其次，海底捞没有把责任推给普通员工，也没搞什么临时工、实习生背黑锅之类的把戏，而是直接告诉员工，无需恐慌，按要求整改就可以，这事主要责任在董事会身上。再次，海底捞还向消费者公布了所有问题以及解决方案，再也没有谜一般的"相关责任人"，而是明确了每个问题的责任人姓名、职位。出现食品安全的公共危机，大部分企业都是"大事化小"，海底捞偏偏"小事化大"，所以很多消费者选择了原谅，甚至为之感动，纷纷为海底捞点赞。

海底捞的道歉信并没有使用华丽优美的词句，仅用简单朴实的语言如实承认错误，公开整顿措施并感谢社会各界对它的支持和监督。因此，一份准确得体的商务文书可以帮助企业走出危机，这封质朴的道歉信也被称为"危机公关的满分作文"。

"人有礼则安，无礼则危。"以下是有关欢迎词、欢送词、答谢词、邀请函、请柬等常见的商务文书礼仪内容。

（一）欢迎词、欢送词、答谢词

1. 概念

欢迎词是指在迎接宾客的仪式上或会议开始之时，主人对友好团体或个人的到来表示热烈欢迎的讲话稿。

欢送词是指主人对宾客离别或会议结束、学生毕业、文艺团体下乡、下厂演出结束等表示热情欢送的致辞。

答谢词是指主人在喜庆宴会、欢迎或欢送会上表示感谢，或对曾经帮助过自己的有关单位表示感谢的致辞。

2. 欢迎词、欢送词、答谢词的结构与写法

三类文书一般由标题、称谓、正文和落款四部分组成。

（1）标题。标题一般由致辞人、致辞场合和文种三要素构成；也可由致辞场合和文种两要素构成，还可以单独由文种构成。在首行正中写标题。比如：《××市长在×××年中国南岳衡山第×届国际寿文化节开幕式上的致辞》。

（2）称谓。称谓要有敬辞并写全称，对欢迎、欢送或答谢对象的称谓要用全名，名字前要加"尊敬的"等字样，名字后要加头衔或"先生""女士"等词语，比如，尊敬的×××先生。对外国元首来访，还应加上"阁下""殿下"等词语，比如，尊敬的伊丽莎白女王殿下。

（3）正文。正文的写法应根据具体情况而定，一般由开头、主体和结尾三部分构成。

开头。开头通常应说明现场举行的是何种仪式，发言者代表什么人，向哪些来宾表示欢迎。比如："今天下午我们有机会与某某先生欢聚一堂，感到十分荣幸。""各位领导，同志们：在 2017 年即将过去，2018 年就要到来之际，全省普通高校招生改革研讨会在我市隆重举行。我谨代表市委、市政府，向××省教育厅领导和与会代表表示热烈的欢迎！"

主体。主体部分一般要阐述和回顾宾主双方在共同的领域所持的立场、观点、目标、原则等内容，具体地介绍来宾在各方面的成就及在某些方面做出的突出贡献，同时要指出来宾本次到访或光临对增加宾主友谊及合作交流所具有的现实意义和历史意义。

结尾。结尾要简要表达热情欢迎、欢送或答谢之意，然后对宾客来访或会议取得的成功和彼此友谊的加深予以称颂，再对未来进行展望，对进一步增进友谊与加强合作提出希望或者表示对再次来访的期待，并祝愿一路顺风。

（4）落款。在正文右下方署上致辞者的身份、姓名及成文日期。这部分也可在标题下注明。

3. 欢迎词、欢送词、答谢词三类文书的注意事项

称呼要用尊称，感情要真挚。要能较得体地表达自己的原则立场，措辞要慎重。勿信口开河，同时要注意尊重对方的风俗习惯，应避开对方的忌讳，以免发生误会。语言要精确、热情、友好、温和、礼貌。篇幅短小，作为一种礼节性的外交或公关辞令，欢迎词宜短小精悍、言简意赅，不必长篇大论。

4. 范例及简析

欢 迎 词

女士们，先生们：

值此××厂30周年厂庆之际，请允许我代表××厂，向远道而来的贵宾表示热烈欢迎。

朋友们不顾路途遥远专程前来贺喜，并洽谈贸易合作事宜，为我厂30周年厂庆增添了热烈祥和的气氛，我由衷地感到高兴，并对朋友们为增进双方友好关系所做出的努力，表示诚挚的谢意！

今天在座的各位来宾中，有许多是我们的老朋友，我们之间有着良好的合作关系。我厂建厂30年能取得今天的成绩，离不开老朋友的真诚合作和大力支持。对此，我们表示由衷的感谢。同时，我们也为有幸结识来自全国各地的新朋友感到十分高兴。在此，我谨再次向新朋友们表示热烈的欢迎，并希望能与新朋友们密切合作，发展相互间的友好合作关系。

"有朋自远方来，不亦乐乎。"在此新朋老友相会之际，我提议：为今后我们之间的进一步合作，为我们之间日益增进的友谊，为朋友们的健康幸福，干杯！

××厂厂长：××
××××年××月××日

这篇欢迎词的内容分三个部分：首先代表企业对客人表示热烈欢迎；其次阐明宾客来访的意义、作用，并对来访宾客在相互合作中所做出的努力与贡献表达感谢之意，表示对今后双方交往的期望；最后在结语部分以简短的话语再次表示欢迎，并进一步表达自己对今后合作的良好祝愿。文章言辞情真意切，友善礼貌，营造出一种友好的气氛。

（二）邀请函

1. 概念

邀请函又称邀请信，在商务活动中使用得十分广泛，它是为了郑重邀请有关人员出席重大会议、重大庆典活动以及纪念性活动而提前发出的书面通知。规格较高的邀请函一般采用专门纸张印刷，十分精美，体现了主办方的礼貌和热忱。

2. 邀请函的结构与写法

邀请函通常由标题、称呼、正文和落款四部分组成。

（1）标题。一般有以下几种写法：一是单独由文种名称组成；二是由事由和文种名称组成；三是由发文机关、事由和文种名称组成。

（2）称呼。顶格写明邀请对象。

（3）正文。邀请函的正文包括开头、主体和结尾三个部分。开头一般要交代会议或活动的由来、目的或意义，有的先作简单问候，再交代缘由。主体要写明会议或活动的内容、时间、地点、方式，以及希望邀请对象承担的工作等。事项要写得清楚、周详，若内容较多，可分条列出。结尾要写上礼貌性的结语，如"恳请光临""恭候光临""敬请莅临指导"等礼貌用语。

（4）落款。署上发文单位名称，或发文者姓名和发文日期。邀请单位还应加盖公章，以求慎重。

3. 范例及简析

经销商年会邀请函

尊敬的经销商伙伴：

　　您好！

　　即将过去的×××年，是我们走过的最不平凡的一年，面对市场新常态，我们一起努力一起拼搏，共同迎接挑战，突破市场困境，创造出"金刚釉Ⅱ代"引领行业的传奇，这充分体现出××人百折不挠、勇往直前的精神。

　　"宝剑锋从磨砺出，梅花香自苦寒来。"逆境给了我们宝贵的磨炼机会，只有经得起环境考验的人，才能成为真正的强者。

　　市场在变，我们也需要改变，是强者就要跟上时代的步伐，不断超越自己。×××年我们如何改变？如何创造新的盈利增长点？值年会盛典之际，我们衷心期待与您一起聆听行业大师的智慧，探索品牌明星促销模式新突破，鉴赏引领行业的新产品。我们诚邀您出席，共同开启××品牌飞跃发展的新时代。

　　报到时间：×××年××月××日

　　会议地点：××省××市×××酒店

　　会议时间：×××年××月××—××日

　　真诚希望您能接受我们的邀请，烦请您于×月×日前通知我们您的行程安排，以便我们安排相关事宜，谢谢。

　　××市××公司

　　诚邀

　　　　　　　　　　　　　　　　×××年××月××日

　　这封邀请函体现了礼仪性和确指性，发送对象针对的是经销商。邀请函的内容主要分三个部分：第一部分简要回顾了××公司在过去的一年所取得的丰硕成绩；第二部分介绍了此次年会的主要内容：年会上将与行业大师一起探索品牌发展新思路，体验智能营销新时代，见证明星促销模式新突破，鉴赏引领行业的新产品；结尾部分友善礼貌地向经销商伙伴再次发出邀请，表达了主办方的真诚与热情。

（三）请柬

1. 概念

请柬的"请"是邀请的意思；"柬"通"简"，就是信札。请柬是为了邀请客人而发出的一种通知性短信。所以，请柬又称为请帖。

商务活动中请柬的应用范围很广，举办商品交易会、展览会、宴会、酒会、晚会、招待会，以及庆祝、纪念、典礼等活动，均可发请柬。请柬一般用套红制成帖子形式。

2. 请柬的结构与写法

请柬一般分为封面和封里两部分。

（1）封面。封面写上"请柬"或"请帖"两字，它相当于请柬的标题，可横写或竖写，要字体美观、醒目，周围有吉祥、喜庆的装饰画面。

（2）封里。封里一般由称呼、正文、结语、落款四个部分组成，有的还加上附言。

称呼。顶格书写被邀请单位（或个人）的名称，姓名后要加称谓。

正文。即请柬的主体，另起行左（或上）空两字写明活动的内容。

结语。结尾处写上"敬请光临""恭候光临（指导）""请拨冗光临""顺致崇高的敬意"等礼貌用语。

落款。在正文右下角写上邀请单位（或个人）的名称和请柬发出日期。

附言。如果是邀请客人观看文艺演出或其他表演，要在落款下一行左空两格后注明"附××券×张"等。

3. 范例及简析

请　柬

尊敬的××先生：

敝公司定于 2017 年 6 月 30 日至 7 月 5 日 8：00—17：00 在浙江国际会展中心 3 号楼展览大厅举办现代家具贸易洽谈会。

恭候光临。

××家具公司

×××年××月××日

第二节　商务见面礼仪

案例导入

　　有一批应届毕业生22个人，实习时被导师带到北京的国家某部委实验室里参观。全体学生坐在会议室里等待部长的到来，这时有秘书给大家倒水，同学们表情木然地看着她忙活，其中一个还问了句："有绿茶吗？天太热了。"秘书回答："抱歉，刚刚用完了。"林然看着有点别扭，心里嘀咕："人家给您水还挑三拣四。"轮到他时，他轻声说："谢谢，大热天的，辛苦了。"秘书抬头看了他一眼，满含着惊奇，虽然这是很普通的客气话，却是她今天唯一听到的一句。

　　门开了，部长走进来和大家打招呼，不知怎么回事，静悄悄的，没有一个人回应。林然左右看了看，犹犹豫豫地鼓了几下掌，同学们这才稀稀落落地跟着拍手，由于不齐，越发显得零乱起来。部长挥了挥手："欢迎同学们到这里来参观。平时这些事一般都是由办公室负责接待，因为我和你们的导师是老同学，非常要好，所以这次我亲自来给大家讲一些有关情况。我看同学们好像都没有带笔记本，这样吧，王秘书，请您去拿一些我们部里印的纪念手册，送给同学们作纪念。"接下来，更尴尬的事情发生了，大家都坐在那里，很随意地用一只手接过部长双手递过来的手册。部长脸色越来越难看，来到林然面前时，已经快要没有耐心了。就在这时，林然礼貌地站起来，身体微倾，双手握住手册，恭敬地说了一声："谢谢您！"部长闻听此言，不觉眼前一亮，伸手拍了拍林然的肩膀："您叫什么名字？"林然照实作答，部长微笑点头，回到自己的座位上。早已汗颜的导师看到此景，才微微松了一口气。两个月后，同学们各奔东西，林然的去向栏里赫然写着国家某部委实验室。有几位颇感不满的同学找到导师："林然的学习成绩最多算是中等，凭什么推荐他而没有推荐我们？"导师看了看这几张尚属稚嫩的脸，笑道："是人家点名来要的。其实你们的机会是完全一样的，你们的成绩甚至比林然还要好，但是除了学习之外，你们需要学的东西太多了，修养是人生第一课。"

　　"仁者爱人，有礼者敬人。"在商务礼仪中，良好的见面礼仪既可以展现职场人士基本的礼仪规范和职业素质，同时会给对方留下一个深刻、美好的印象，为以后的合作打下坚实的基础。

掌握基本的见面礼仪是对每一个商务人士的首要要求。见面礼仪主要包括称呼礼仪、握手礼仪、介绍礼仪、名片礼仪等。

一、称呼礼仪

称呼指的是人们在日常交往应酬之中，根据对方的身份、地位、职业、年龄、性别及对方所处的不同场合所采用的彼此之间的称谓。在人际交往中，正确地使用称呼，能够体现自身的文明教养和对对方尊敬的程度，倘若称呼不当，不但会使对方不高兴、引起反感，甚至还会闹出笑话、出现误会。因此，在商务会面中恰当地使用称呼，是商务交往顺利进行的第一步。下面介绍的是使用称呼时要遵循的三个原则。

（一）符合身份原则

商务介绍活动中的符合身份原则有四类情况：一是以职务相称，比如"董事长""经理""部长"等；二是以对方的姓氏加职务相称，如"张市长""王总经理"等；三是对有职称或学位的人士，以对方的姓氏加职称或学位相称，可称"李教授""张博士"等，这样可以表示对他职务、职称或学位身份的认可和尊敬；四是以姓名加职务相称，如"徐××董事长""孙××主任"等。千万不要因为自己与对方十分熟悉而忽略了对对方的称呼，尤其是在商务场合更需要彼此尊重，如果因为是熟人，就以"老王""老李""哥们""姐们"，甚至用一声"唉""喂"来称呼，这样在正式的商务场合是极不礼貌的。

（二）敬意有佳原则

陌生人在交流的时候最难确定的就是称呼，因为一些错误的称呼很容易引起对方的反感。比如过去，人们见面时，对没有具体的职务和职称的人，都会称呼对方为先生、小姐，但是有些地方对小姐这个称呼有歧义，所以如果被称呼为小姐，很容易让对方不高兴，现在都会称呼为女士，如果知道他们的姓氏，最好在这些泛尊称的前面带上对方的姓，如"张先生""李女士"等。在使用泛尊称的时候，对于男士，不管多大年纪，都可以称呼对方为"先生"；但是对于女士来说，"夫人"这个称呼可不能乱用，必须在知道对方已经结婚的前提下才可以用。

（三）身份有别原则

许多青年人往往喜欢对人称"师傅"，对理发师、厨师、企业工人称

"师傅"，应当是符合身份的；但如果是对医生、教师、军人、律师、商务工作者称"师傅"就不合适了，特别是对于文化人称呼一定要明确，这样才能减少尴尬。因此，要视交际对象、场合、双方关系等选择恰当的称呼。

二、问候礼仪

双方见面如果只是握手，互相之间没有任何的言语交流，通常会被理解为不想与之多谈或不愿与之结交，这是极其不礼貌的。别人向你问候时，你若视若无睹、一言不发，会让别人觉得你狂妄自大、不易亲近。因此，见面问候虽然只是打招呼、寒暄或是简单的三言两语，但却是向他人表示尊重的一种方式。

问候时需要注意以下几个方面。

（一）问候的顺序

① 地位低者应向地位高者问候；② 男士应向女士问候；③ 晚辈应向长辈问候；④ 主人应向客人问候。

（二）问候的禁忌

① 忌无称呼，比如在大街上问路，上去就"唉""喂"；② 忌将手插在口袋里和人打招呼；③ 忌距离很远就大喊对方的名字；④ 忌打招呼时不看对方的眼睛；⑤ 忌用碰触他人身体的方式打招呼；⑥ 忌遇到认识的人不吭声；⑦ 忌在别人故意躲避的时候上前寒暄。

（三）问候的态度

问候是表达敬意的一种方式，态度上一定要做到主动、热情、大方。

（1）主动。要积极、主动地问候他人。当别人首先问候自己之后，要立即予以回应，千万不要摆出一副高不可攀的样子。

（2）热情。向他人问候时，要表现得热情、友好、真诚。毫无表情或者拉长苦瓜脸，表情冷漠的问候不如不问候。

（3）大方。向他人问候时，必须表现得大方。要面带微笑、目光专注，并与他人有正面的视觉交流，以做到眼到、口到、意到。不要在问候对方的时候，目光游离、东张西望，这样会让对方不知所措。

（四）问候的语言

礼仪小故事

某天中午，一位下榻饭店的外宾到餐厅去用午餐。当他走出电梯时，站在梯口的一位女服务员很有礼貌地向客人点头，并且用英语说："您好，先生！"

客人微笑地回答："中午好，小姐。"

当客人走进餐厅后，迎宾员讲了同样的一句话："您好，先生！"

那位客人微笑地点了一下头，没有开口。

客人吃完午饭，顺便到饭店内的庭园走走。当走出内大门时，一位男服务员又是同样的一句话："您好，先生！"

这时，这位客人只是敷衍地略微点了一下头，已经不耐烦了。

客人重新走进内大门时，不料迎面而来的仍然是那个男服务员，又是"您好，先生！"声音传入客人的耳中，此时客人已生反感，默然地径直乘电梯回客房休息。谁知在电梯口仍碰见原先的那位服务员小姐，还是一声"您好，先生！"

客人到此时忍耐不住了，开口说："难道您不能说一些其他的话同客人打招呼吗？"

在饭店，员工的培训教材有规定"您早，先生（夫人、小姐）""您好，先生……""请慢走，再见""欢迎您下次还到我们这里用餐""请慢走，欢迎您再次光临"等敬语例句。但本案例中服务员在短时间内多次和同一客人照面，机械呆板地使用同一敬语，结果使客人产生反感。

当前国际服务业个性化服务的发展趋势要求饭店员工不但要能够主动问候客人，而且要会灵活运用礼貌规范服务，如果一味地鹦鹉学舌、滥用敬语，常会产生负面效应。因此，在商务交往中，商务人士不一定要伶牙俐齿，但是需要掌握必要的语言交际能力，并要根据交往的对象和环境选用合适的问候语言。

（1）问候语。问候语通常有早上好、上午好、中午好、下午好、晚上好、您好等。

（2）称呼语：女士、先生等。

（3）谦语：在下、鄙人、家父、小女等。

（4）敬语：高见、久仰、尊父、令堂、贤弟等。

（5）祝贺语：我真为您感到高兴、祝您事业有成、祝您心想事成、祝您生日快乐、恭喜发财等。

（6）欢迎语：欢迎光临、一路辛苦了等。

（7）告别语：再见、晚安、明天见、祝您旅途愉快、祝您一路平安、欢迎下次光临等。

（8）道歉语：对不起、请原谅、打扰您了、失礼了等。

（9）感谢语：谢谢、多谢了、非常感谢、麻烦了等。

（10）答应语：是的、好的、明白了、谢谢您的好意、不用客气、没关系、这是我应该做的等。

（11）征询语：请问需要我帮忙吗、请问我还能为您做点什么吗、请问您还有别的吩咐吗、您看这样行吗等。

（12）婉转推脱语：不好意思等。

（13）用词用语要文雅：劳驾借光、您找哪一位。

三、握手礼仪

礼仪小故事

1989 年 5 月，在戈尔巴乔夫访华前夕，邓小平曾指示外交部，他与戈尔巴乔夫会见时"只握手，不拥抱"，这不仅是对外交礼节的一种示意，更是对两国未来关系的定位。

尼克松总统在回忆自己首次访华在机场与周总理见面时也说："当我从飞机舷梯上走下来时，决心伸出我的手，向他走去。当我们的手握在一起时，一个时代结束了，另一个时代开始了。"

据基辛格回忆，当时尼克松为了突出这个"握手"的镜头，还特意要求包括基辛格在内的所有随行人员都留在专机上，等他和周恩来完成这个"历史性的握手"后，才允许他们走下飞机。

握手礼是商务活动中常见的见面礼。它通过人与人的身体接触，能够给人留下深刻的印象，强有力的握手和友善的眼神交流将会为彼此搭建起积极交流的舞台。

（一）握手的场合

许多场合都可以行握手礼，比如：

（1）遇到较长时间没见面的熟人时；

（2）在比较正式的场合和认识的人道别；

（3）在以本人作为东道主的社交场合，迎接或送别来访者时；

（4）拜访他人后，辞行时；

（5）朋友介绍不认识的人时；

（6）在社交场合，偶然遇上亲朋故旧或上司时；

（7）别人给予你一定的支持、鼓励或帮助时；

（8）表示感谢、恭喜、祝贺时；

（9）对别人表示理解、支持、肯定时；

（10）得知别人患病、失恋、失业、降职或遭受其他挫折时；

（11）向别人赠送礼品或颁发奖品时。

（二）握手的细节

1. 起身站立

无论在哪种场合，无论双方的职位或年龄相差有多大，都必须起身站直后再握手，坐着握手是不合乎礼仪的。握手时上身应自然前倾，行15°欠身礼。手臂抬起的高度应适中。

2. 右手握手

握手时必须用右手，即便是习惯使用左手的人也必须用右手来握手，这是国际上普遍适用的原则。握手时，伸出的手掌应垂直于地面，手心向下或向上均不合适。握手时，应掌心相握，这样才符合真诚、友好的原则。

很多男士在与女士握手时只握四指，以示尊重和矜持，但在男女平等的今天，这种握手方式已不符合礼仪规范。尤其是在商务活动中，性别被放在次要的位置，女性更应主动、大方地与男士进行平等、友好的握手，以便进一步进行平等互利的商务交流。

3. 时间适中

握手的时间不宜过长或过短，两手交握3~4秒，上下晃动最多2次。一接触即把手收回，有失大方；握着他人的手不放，则会引起对方的尴尬。

4. 力度适宜

握手的力度能够反映出人的性

握手时应起身站立

男士与女士握手时只握四指的方式已不符合礼仪规范

握手时应掌心相握

格。太大的力度会显得人鲁莽有余、稳重不足；力度太小，又显得有气无力、缺乏生机。因此，建议握手的力度把握在使对方能感觉到自己稍加用力即可。

5. 目视对方

在握手的过程中，两眼应正视对方的眼睛，假如你的眼神游离不定或东张西望，会让他人怀疑你的真诚。

6. 面带微笑

握手的同时给对方一个真诚的微笑，会使气氛更加融洽，使握手礼更加圆满。

（三）握手的顺序

1. 与他人握手

握手中讲究"位尊者有决定权"，具体而言：上级应先伸手，以表示对下级的亲和与关怀；年长者应主动伸手，以表示对年轻同事的欣赏和关爱；在和女士握手时，男士要等女士先伸手之后再握，如女士不伸手，或无握手之意，男士则点头鞠躬致意即可，而不可主动握住女士的手；已婚者应向未婚者先伸手，以表示友好；主宾关系中，当客人抵达时，主人宜先伸手，以表示对客人的欢迎；当客人告辞时，应由客人先伸手告别，避免由主人先伸手而产生逐客之嫌。

2. 与多人握手

一是由尊而卑地依次进行；二是由近而远地依次进行。前一种做法，适用于握手对象地位尊卑较为明显时；后一种做法，则适用于握手对象地位的尊卑不明显或者难以区别时。

（四）握手的禁忌

（1）忌交叉握手。多人同时进行握手时，应该按照顺序一一握手，与另一方呈交叉状，甚至自己伸出左手同时与他人握手，都是严重的失礼行为。

（2）忌出手太慢。此举会让人觉得你不愿意与他人握手。

（3）忌强行握手。

（4）忌戴手套与他人握手。如果女士戴有装饰性的手套则可以不摘。

（5）忌在手不干净时与他人握手。此时可以礼貌地向对方说明情况并表示歉意。

（6）忌握手后立刻用纸巾或手帕擦手。

（7）忌坐着与别人握手。

（8）忌拒绝与对方握手。握手是友好的表示，如果对方主动伸手与你相握，即便是对方没有顾及到礼仪次序，你也要宽容地与对方握手。

四、名片礼仪

在商务交往中，名片显示了一个人的职业、身份和地位，它可以让别人在见不到你本人的情况下，了解和记住你的个人资料。

（一）交换名片的时机

（1）因自身的需要而初次拜访时，应交换名片，以加深印象；

（2）希望认识对方时，可以通过名片进行初步的沟通；

（3）与他人接触时，为了表示自己重视对方，应该交换名片；

（4）当你作为第三人被介绍给对方时，应当主动递交名片；

（5）当对方主动提议交换名片时，应立即做出回应，交换名片；

（6）对方向自己索要名片；

（7）自己的情况有所变更时，应交换名片予以通知；

（8）打算获得对方的名片时，应主动交换名片。

（二）不必交换名片的时机

（1）当对方是不相识的陌生人时，不必交换名片；

（2）对某人没有认识或深交的意愿时，不必交换名片；

（3）察觉对方对自己没有兴趣时，不必交换名片；

（4）经常和对方见面，已经是非常熟识的人时，不必交换名片；

（5）双方之间地位、身份、年龄差别太大时，不必交换名片。

（三）递接名片

递名片给他人时，应郑重其事。最好是起身站立，走上前去，使用双手或者右手拿着名片的下端，将名片正面文字对着对方，交予对方。切勿以左手递交名片，不要将名片背面面对对方或是颠倒着面对对方，不要将名片举得高于胸部，不要以手指夹着名片给人。若对方是少数民族或外宾，则最好将名片上印有对方常用文字的那一面面对对方。将名片递给他人时，口头应有所表示，可以说"请多指教""多多关照""今后保持联系""我们认识一下吧"，或是先作自我介绍。

与多人交换名片，应讲究先后次序，或由近而远，或由尊而卑，一定要依次进行。切勿挑三拣四，采用"跳跃式"。当他人表示要递名片给自己或交换名片时，应立即停止手上所做的一切事情，起身站立，面含微笑，目视对方。接受名片时宜双手捧接，或以右手接过，切勿单用左手接过。"接过名片，首先要看"这一点至为重要。具体而言，就是换过名片后，当即要用半分钟左右的时间，从头至尾将其认真默读一遍，若接过他人名片后看也不看，或手头把玩，或弃之桌上，或装入衣袋，或交予他人，都算失礼。

接受他人名片时，应点头致谢，或重复对方所使用的谦辞敬语，如"请您多多关照""请您多多指教"，不可一言不发。若需要当场将自己的名片递过去，最好在收好对方名片后再给，不要左右开弓，一来一往同时进行。

双手拿着名片的下端，将名片正面对着对方　　　　　将名片放入自己口袋

（四）名片的使用礼仪

（1）名片要随身携带。

（2）名片不随意涂改。

（3）不提供私宅电话。

（4）名片上不要写两个以上的头衔。

（5）索取名片注意的技巧：第一，尽量不要去索取名片，因为名片交换有一个讲究，地位低的人首先应把名片递给地位高的人；第二，索要名片时最好不要采取直白的表达，如"您有名片吗?"

（五）名片礼仪禁忌

（1）去拜访客户时，如果对方不在，切忌不将名片留下，这样的话，客户回来后，就不知道你是否来拜访过。

（2）名片一般都有一定的规格，长9厘米，宽5.5厘米，或者长9厘米，宽5厘米，上面印着姓名、职位、地址、电话等，切忌为引人注目将名片做得过大，或者做些奇形怪状的名片。

（3）接过名片后，不但没有点头致谢，还随意玩弄和摆放。

（4）向客户赠送小礼物，如让人转交，忘记附带一张名片，附几句恭贺之词。

（5）接过名片很随便地塞在口袋里，没有认真地看一遍对方的姓名、职务、电话等。

（6）对没有把握念对的姓名，也没有请教一下对方，就将名片放入自己的口袋中。

五、介绍礼仪

在商务交往中，相互介绍和为他人做介绍是最常见也是最重要的礼节之一，是人们从陌生走向熟识的第一步。介绍一般分为自我介绍、他人介绍两种情况。

（一）自我介绍

自我介绍是最重要的一种介绍方式，就是在必要的社交场合，把自己介绍给其他人，以使对方认识自己。自我介绍的基本程序是：先向对方点头致意，得到回应后再向对方介绍自己的姓名、身份和单位，同时递上事先准备好的名片。自我介绍总的原则是简明扼要，一般以半分钟为宜，情况特殊也不宜超过 3 分钟。

通常需要做自我介绍的情况有以下几种：

第一，社交场合中遇到你希望结识的人，又找不到适当的人介绍。这时自我介绍应谦逊、简明，把对对方的敬慕之情真诚地表达出来。

第二，电话约某人，而又从未与这个人见过面。这时要向对方介绍自己的基本情况，还要简略谈一下要约见对方的事由。

第三，演讲、发言前。这时面对听众做自我介绍，最好既简明扼要，又要有特色，利用"首因效应"，给听众一个良好的第一印象。

第四，求职应聘或参加竞选。这时更需要做自我介绍，而且自我介绍的形式可能不止一种。既要有书面的个人简历，还要有口头的自我介绍。

自我介绍的注意事项：

第一，镇定自信。要自信大方地报出自己的姓名，用体态语言，表达自己的友善、关怀、诚意和愿望。如果自我介绍模糊不清、含糊其词，或流露出羞怯自卑的心理，会使人感到你不够自信，因而也会影响彼此间的进一步沟通。

第二，注意内容。根据不同交往的目的，注意介绍的繁简。自我介绍一般包括姓名、籍贯、职业、职务、工作单位或住址、毕业学校、经历、特长或兴趣等。自我介绍时，应根据实际需要来决定介绍的繁简，不一定要把上述内容逐一说出。在长者或尊者面前，语气应谦恭；在平辈和同事面前，语气应明快、直截了当。

第三，掌握分寸。自我评价一般不宜用"很""第一"等表示极端赞美的词，也不必有意贬低，关键在于掌握分寸。自我介绍时，表情要自然、亲切，注视对方，举止庄重、大方，态度镇定而充满信心，表现出渴望认识对方的心情。

（二）他人介绍

他人介绍，即第三者介绍，它是经第三者为彼此不相识的双方引见介绍的一种介绍方式。在一般情况下，为他人做介绍都是双向的，即第三者对被介绍的双方都做一番介绍。有些情况下，也可只将被介绍者中的一方向另一方介绍。但前提是前者已知道、了解后者的身份，而后者不了解前者。

为他人做介绍时应遵循以下基本礼仪原则：

第一，在向他人做介绍时，首先要了解对方是否有结识的愿望。最好不要向一位有身份的人介绍他不愿认识的人。

第二，注意介绍次序。为他人做介绍应遵守"先向尊者介绍"的原则。应该先把年轻者、身份地位低者介绍给年长者、身份地位高者；先把年轻的职务相当的男士介绍给女士；先把年龄低、未婚者介绍给已婚者；先把客人介绍给主人，把晚到者介绍给早到者。如果是业务介绍，必须先提到组织名称、个人职衔等。集体介绍可以按照座位次序或职务次序进行。

第三，介绍人做介绍时，应该多使用敬辞。在较正式的场合，介绍词也应较郑重，一般以"×××，请允许我向您介绍……"的方式。在不十分正式的场合可随便些，可用"让我介绍一下，这位是×××"或"我来介绍一下，这位是×××"的句式。介绍时语气清晰地说出得体的称谓，有时还可用些定语或形容词、赞美词介绍对方。

第四，为人做介绍时，注意手势和表情。被介绍时，眼睛正视对方。

被介绍时，眼睛要正视对方

除年长或位尊者外，被介绍双方最好站起来点头致意或握手致意，同时应说声："您好，认识您很高兴"或"很荣幸能认识您"等礼貌语言。

在任何场合，都是将社会地位低者介绍给社会地位高者。如介绍时可说："王总经理，请允许我将我的秘书王女士介绍给您。"然后才说："王女士，这位是××公司的王总经理。"当男士被介绍给比他地位低的女士时，无需起立。只有当两个人的社会地位相当时，才遵循女士优先介绍的惯例。

六、馈赠礼仪

馈赠作为一种非语言的重要交际方式，是以物的形式出现的，以物表情，礼载于物，起到寄情言意的无声胜有声的作用。馈赠礼品是一门特殊的艺术，自有其约定俗成的规矩，送礼的对象、礼品的选择、时机的选择都有一定的准则，绝不能盲目去送。下面是关于礼品馈赠的注意事项，重点介绍的是馈赠的目的、馈赠的原则、馈赠的选择等。

（一）馈赠的目的

1. 以交际为目的的馈赠

这是一种为达到交际目的而进行的馈赠，有两个特点：一是送礼的目的与交际目的的直接一致；二是礼品的内容与送礼者的形象一致。

2. 以维系关系为目的的馈赠

这类馈赠，即为人们常说的"人情礼"。这类馈赠从礼品的种类、价值的轻重、档次的高低、包装的精美、蕴含的情义等方面都呈现多样性和复杂性。

3. 以酬谢为目的的馈赠

这类馈赠是为答谢他人的帮助而进行的。因此，在礼品的选择上十分强调其物质价值。礼品的贵贱厚薄，首先，取决于帮助的性质；其次，取决于帮助的目的；再次，取决于帮助的时机。

4. 以公关为目的的馈赠

多发生在对经济、政治利益的追求和其他利益的追逐活动中。

（二）馈赠的原则

1. 轻重原则

送给别人的礼品要轻重得当。通常情况下，礼品的贵贱厚薄往往是衡量交往人的诚意和情感程度的重要标志。然而，礼品的贵贱厚薄并不以价格为唯一标尺，礼品的价值既包括其物质价值，同时也包括其精神价值。

2. 时机原则

就馈赠的时机而言，及时、适宜是最重要的。把握好馈赠的时机，包括时间的选择和机会的择定。好的时机贵在事由、情感及其他需要的程度，超前滞后都达不到馈赠的目的。比如，乔迁、新公司的成立日、公司成立纪念日、大客户的生日、朋友结婚、生小孩、重病初愈等都是馈赠的时机。

3. 实用原则

就礼品本身的实用价值而言，人们经济状况不同，文化程度不同，追求不同，对于礼品的实用性要求也就不同。因此，应视受礼者的物质生活水平，有针对性地选择礼品。

4. 避忌原则

由于各民族的生活习惯、生活经历、宗教信仰以及性格、爱好的不同，不同的人对同一礼品的态度是不同的，因此要把握住避其禁忌的原则。比如：不要送钟表、雨伞之类的礼品，因为"钟"与"终"、"伞"与"丧"谐音，让人觉得不吉利；不要送印度人牛制品，因为印度视牛为神，牛是当地最神圣不可侵犯的动物。

（三）礼品的选择

选择礼品时，要注意以下 5 个事项。

一要注意礼品的包装。

二要注意时机的选择。

三要注意赠礼的场合。

四要注意赠礼时的态度。只有那种平和友善的态度和落落大方的动作，并伴有礼节性的语言表达，才会令赠受礼双方所共同接受。

五要注意礼品的内容。要针对不同的受礼对象区别对待。一般来说，在大庭广众之下，可以大方得体地送一些书籍、鲜花一类的礼物。与衣食住行有关的生活用品不宜在公开场合相赠，否则会产生受贿的嫌疑。当众只给一群人中的某一个人赠礼是不合适的。给关系密切的人送礼，也不宜在公开场合进行。

（四）礼品的接受

接受他人赠品时，要注意以下三个事项。

一要神态专注，双手捧接。当他人口头宣布有礼相赠时，不管自己在做什么事，都应立即中止，起身站立，面带微笑，双目注视对方。在赠送者递上礼品时，要尽可能地用双手捧接。不要一只手去接礼品，特别是不要单用左手去接礼品。

二要注意礼貌，认真道谢。在接受礼品时，你在用双手接过他人礼品的同时，应向对方道谢。即使送的礼物不合你意，也应有礼貌地表示感谢。"谢谢您"三个字感谢的不仅仅是礼物本身，同时也是感谢对方送给你礼物的这一举动。你可以感谢送礼人的用心良苦："您还能记住我的生日，并专程为我定制了生日礼物，真是太令我感动了。""太感谢您了，我正需要这样的东西，真是心有灵犀呀。"

三要当面拆开，表示欣赏。接受礼品后，欧美人喜欢当着客人的面，小心地打开盒子欣赏礼物，从外包装夸赞到内包装，看见了礼物，也会好好地夸赞一番，甚至高兴时还会拥抱送礼者一下，与送礼者共同分享收到礼物的喜悦。欣赏完礼物，他们会重新将礼物包装好，对他们而言，这才是一个完整的受礼礼仪。

（五）礼品的拒收

拒收礼品可采用三种常用方法：一是婉言相告法；二是直言缘由法；三是事后退还法。

（六）还礼的时机

礼仪小故事

> 为表示友好，甲家用小碗给乙家送了一碗饺子；为了还礼，没过几天，乙家用中碗给甲家送了一碗饺子。来而不往非礼也。于是，甲家过几天给乙家用大碗送了一碗饺子；乙家一看急了，不能失礼呀，于是用盛汤的瓷盆给甲家送了一盘饺子；甲家一看，嘿，不能让人小瞧了，赶紧做了一锅饺子给乙家送去。

还礼不是还债，要讲自觉自愿。还礼次数也不要过多，完全没有必要一而再，再而三地还礼，就像上述故事中让还礼成了双方的一种负担。

因此，日常交往中要注意还礼的时间和形式。

1. 还礼时间

最佳的还礼时间：在对方或其家人的某个喜庆活动时、在此后登门拜访时。

2. 还礼形式

以下三种还礼形式值得借鉴：

（1）赠送所送的同类物品；

（2）选择和对方相赠礼品价格差不多的物品作为还礼；

（3）用某种意在向对方表示尊重的方式来代替还礼。

七、送客礼仪

"出迎三步，身送七步"是迎送宾客最基本的礼仪。当客人提出告辞时，主人要等客人起身后再站起来相送，切忌没等客人起身，自己先于客人起立相送，这是很不礼貌的。若客人提出告辞，秘书人员仍端坐办公桌前，嘴里说再见，而手中却还忙着自己的事，甚至连眼神也没有转到客人身上，更是不礼貌的行为。

因此，每次见面结束，都要以将再次见面的心情来恭送对方回去。通常当客人起身告辞时，秘书人员应马上站起来，主动为客人取下衣帽，帮他穿上，与客人握手告别，同时选择最合适的言辞送别，如希望下次再来等礼貌用语。尤其是对初次来访的客人，更应热情、周到、细致。当客人带有较多或较重的物品，送客时应帮客人代提重物。与客人在门口、电梯口或汽车旁告别时，要与客人握手，目送客人上车或离开，要以恭敬真诚的态度、笑容可掬地送客，不要急于返回，应鞠躬挥手致意，待客人离开自己的视线范围后，才可结束告别仪式。

第三节　商务谈判礼仪

📑 案例导入

在 1972 年以前的 15 年里，中美大使级会谈共进行了 136 次，全都毫无结果。中美之间围绕台湾问题、归还债务问题、收回资金问题、在押人员获释问题、记者互访问题、贸易前景问题等进行了长期的、反复的讨论与争执。对此，基辛格说："中美会谈的重大意义似乎就在于，它是不能取得一项重大成就的时间最长的会谈。"然而，周恩来总理以政治家特有的敏锐的思维和高超娴熟的谈判艺术，把握住了历史赋予的转机。在他那风度洒脱的举止和富有魅力的笑声中，有条不紊地安排并成功地导演了举世瞩目的中美建交谈判，在 1972 年的第 137 次会谈中，终于打破了长达 15 年的僵局。美国前总统尼克松在回忆录中对周恩来总理的仪容仪态、礼貌礼节、谈判艺术、风格作风给予了高度的赞赏。

尼克松说，周恩来待人很谦虚，沉着坚定，他优雅的举止、直率而从容的姿态，都显示出巨大的魅力和泰然自若的风度。他的外貌给人留下的印象是：亲切、直率、镇定自若而又十分热情。双方正式会谈时，他显得机智而谨慎。谈判中，他善于运用迂回的策略，避开争议之点，通过似乎不重要的事情来传递重要的信息。他从来不提高讲话的调门，不敲桌子，也不以中止谈判相威胁来迫使对方让步。他总是那样坚定不移而又彬彬有礼，他在手里有"牌"的时候，说话的声音反而更加柔和了。他在全世界面前树立了中国政府领导人的光辉形象，他不愧是一位将国家尊严、个人人格与谈判艺术融洽地结合在一起的伟大人物。谈判的成功固然应归结于谈判原则、谈判时机、谈判策略、谈判艺术等多种因素，但周恩来无与伦比的品格给人们留下了深刻而鲜明的印象。他的最佳礼节礼仪无疑也是促成谈判成功的重要因素之一。

商务谈判是交易双方为了各自的目的就一项涉及双方利益的交易进行洽商，最终解决争议、达成协议、签订合同的一个过程。那么，在商务交往过程中，只有运用恰当的商务谈判策略，促成谈判的顺利进行，才能依法签订合同，履行好双方达成和签署的协议，以促成双赢。因此，在商务谈判中，要既讲谋略又讲礼仪，倘若只讲谋略不讲礼仪或是只讲礼仪不讲谋略，就不会有商务谈判的成功。下面从仪式礼仪的角度来了解商务谈判的有关事项。

一、商务谈判礼仪的原则

谈判是商务活动的重要组成部分。商务谈判中，参加的各方都希望在谈判过程中获得谈判对手的礼遇。任何事物都有自己的规则，商务谈判礼仪也不例外，端庄的仪表仪容，礼貌的言谈举止，周到、合适的礼节等，都是谈判双方应该共同遵守的行为规范。因此，要在纷繁复杂、瞬息万变的商场环境中立于不败之地，就需要掌握商务谈判礼仪的基本原则。

（一）礼敬原则

《孟子·告子上》中说："恭敬之心，礼也。"尊敬是礼仪的情感基础。在现实社会中，人与人是平等的，尊重长辈、关心客户，这不是自我卑下的行为，反而是一种至高无上的礼仪，说明一个人具有良好的个人素质。"敬人者恒敬之，爱人者恒爱之。"在洽谈过程中，不论发生了什么情况，都始终坚持"你敬我一尺，我敬你一丈"的礼敬原则，无疑能给对方留下良好的印象，而且在今后进一步的商务交往中，还能发挥潜移默化的功效。因此，有礼即有理，讲礼易成功。

（二）依法原则

在商务谈判中，利益是各方关注的核心。经济活动的宗旨是合法盈利，对任何一方来说，彼此都既要为利益而争，更需谨记依法办事。因此，任何谈判都是在一定的法律约束下进行的，谈判必须遵循合法原则。

所谓合法，主要体现在四个方面：谈判主体必须合法；交易项目必须合法；谈判过程中的行为必须合法；签订的合同必须合法。凡是目无法纪、铤而走险，都只会害人害己，得不偿失。

（三）谦和原则

《荀子·劝学》中说："礼恭而后可与言道之方，辞顺而后可与言道之理，色从而后可与言道之致。"即是说，只有举止、言谈、态度都是谦恭有礼时，才能从别人那里得到教诲。

"谦"就是谦虚，"和"就是和善、随和。谦和不仅是一种美德，更是社交成功的重要条件。谦和，在社交场上表现为平易近人、热情大方、善于与人相处、乐于听取他人的意见，具备虚怀若谷的胸襟，因而对周围的人具有很强的吸引力，有着较强的调整人际关系的能力。

（四）宽容原则

"宽"即宽待，"容"即相容。宽容就是心胸坦荡、豁达大度，能设身处地地为他人着想，谅解他人的过失，不计较个人得失，有很强的容纳意识和自控能力。中国传统文化历来重视并提倡宽容的道德原则，并把宽以待人视为一种为人处世的基本美德。从事商务活动，也要求宽以待人，在人际纷争问题上保持豁达大度的品格或态度。在商务活动中，出于各自的立场和利益，难免出现误解和冲突。遵循宽容原则，凡事想开一点，眼光放远一点，善解人意、体谅别人，才能正确对待和处理好各种关系与纷争，争取到更长远的利益。

（五）适度原则

所谓适度，就是要注意感情适度、谈吐适度、举止适度。只有这样，才能真正赢得对方的尊重，达到沟通的目的。人际交往中，要善于把握沟通时的感情尺度，注意各种不同情况下的社交距离。古话说："君子之交淡如水，小人之交甘若醴。"在人际交往中，沟通和理解是建立良好人际关系的重要条件，如果不善于把握沟通时的感情尺度，人际交往缺乏适度的距离，结果会适得其反。在一般交往中，既要彬彬有礼，又不能低三下四；既要热情大方，又不能轻浮诣谀。

总之，在商务活动中掌握并遵行礼仪原则，就有可能成为待人诚恳、彬彬有礼之辈，并受到他人的尊敬。

二、商务谈判准备的礼仪

商务谈判开始之前，谈判主题、内容、议程、计划、目标及谈判策略的准备固然重要，但礼仪方面的准备也不可忽视。商务谈判礼仪主要体现在以下几方面。

（一）选定合适的谈判人员

人员的选择是商务谈判过程中最重要也是最关键的一个因素。因此，商务谈判之前，首先要确定谈判人员与对方谈判代表的身份、职务要相当。谈判代表要有良好的综合素质，谈判前应整理好自己的仪容仪表，穿着要整洁、正式、庄重。男士应刮干净胡须，穿西服必须打领带；女士穿着不宜太性感，不宜穿着细高跟鞋，应化淡妆。

（二）选择合适的谈判时间

谈判时间的选择是否适当，对谈判效果影响极大。人们通常认为，身心处于低潮时的午休时间不宜进行谈判；经过长途跋涉后，不宜立即开始谈判；每周休息日后的第一天早上不宜进行谈判；在连续紧张工作后不宜进行谈判；在身体不适时不宜进行谈判；人体一天中最疲劳的时间不宜进行谈判。总体来说，一个人在一天中心理上、肉体上的疲劳到达顶峰的时候，身心处于低潮的时候进行谈判，容易焦躁不安，思考力减弱，工作效率下降，因此在这个时候进行谈判是最不适宜的。

（三）选择合适的谈判地点

谈判地点的选择，往往涉及一个谈判的环境心理因素的问题，有利的场所能提升自己的谈判地位，加强自己的谈判力量。人们往往会产生一种心理状况：在自己的所属领域内交谈，无需分心去熟悉环境或适应环境；而在自己不熟悉的环境中交谈，往往容易变得无所适从，导致出现正常情况下不该有的错误。所以，若能在自己熟悉的地点进行谈判是最为理想的选择，但若争取不到熟悉的地点，则至少应选择一个双方都不熟悉的中性场所，以减少由于"场地不适应"导致的错误，避免不必要的损失。布置好谈判会场，采用长方形或椭圆形的谈判桌，门右手座位或对面座位为尊，应让给客方。

三、商务谈判言语的礼仪

谈判是商务活动的中心活动，而言语交锋则是谈判的实质性阶段，因此在谈判过程中，要注意语言的针对性、表达方式。

（一）语言针对性要强

在商务谈判中，双方各自的语言，都是表达自己的愿望和要求的，因此谈判语言的针对性要强，做到有的放矢。模糊、啰唆的语言，会使对方疑惑、反感，降低己方的威信，成为谈判的障碍。针对不同的商品、谈判内容、谈判场合、谈判对手，要有针对性地使用语言，才能保证谈判的成功。例如：对脾气急躁、性格直爽的谈判对手，运用简短明快的语言可能受欢迎；对慢条斯理的对手，则采用春风化雨般的倾心长谈可能效果更好。在谈判中，要充分考虑谈判对手的性格、情绪、习惯、文化以及需求状况的差异，恰当地使用针对性的语言。

（二）表达方式要婉转

谈判过程中，双方之间可能存在一定的矛盾。处理矛盾时，要就事论事，保持冷静、耐心的态度，不能因为双方之间有矛盾就怒气冲冲的，甚至进行人身攻击或有侮辱对方的失礼行为，这样会对谈判造成很严重的后果，甚至会导致谈判的失败。因此，谈判中应当尽量使用委婉的语言，这样易于被对方接受。比如，在否决对方要求时，可以这样说："您说的有一定道理，但实际情况稍微有些出入。"然后再不露痕迹地提出自己的观点。这样做既不会有损对方的面子，又可以让对方心平气和地认真倾听自己的意见。

谈判期间，谈判高手往往努力把自己的意见用委婉的方式伪装成对方的见解，以提高说服力。在自己的意见提出之前，先问对手如何解决问题。当对方提出以后，若和自己的意见一致，要让对方相信这是他自己的观点。在这种情况下，谈判对手有被尊重的感觉，他就会认为反对这个方案就是反对他自己，因而容易达成一致，获得谈判成功。

（三）灵活应变的能力

谈判形势的变化是难以预料的，往往会遇到一些意想不到的尴尬事情，这就要求谈判者具有灵活的语言应变能力，与应急手段相联系，巧妙地摆脱困境。当遇到对手逼你立即做出选择时，你若总是说"让我想一想""暂时很难决定"之类的话，便会被对方认为缺乏主见，从而在心理上处于劣势。此时，你可以看表，然后有礼貌地告诉对方："真对不起，9点钟了，我得出去一下，与一个约定的朋友通电话，请稍等5分钟。"于是，你便很巧妙地赢得了5分钟的思考时间。在谈判过程中可能出现冷场的现象，遇到这种情况千万不要慌张，更不能有消极的态度，要灵活处理，暂时转移话题，活跃冷场的气氛。若确实无话可说，应当机立断，立刻中止谈判，稍作休息后再重新进行谈判。这样可以让冷场变热场，让谈判顺利进行。

（四）使用无声的语言

商务谈判中，谈判者通过姿势、手势、眼神、表情等来表达的无声语言，往往在谈判过程中发挥着重要的作用。在有些特殊环境里，有时需要沉默，恰到好处的沉默可以取得意想不到的良好效果。

礼仪小贴士

1. 忌打断对方

双方交谈时，上级可以打断下级，长辈可以打断晚辈，身份平等的人是没有权利打断对方谈话的。万一你与对方同时开口说话，你应该说"您请"，让对方先说。

2. 忌补充对方

有些人好为人师，总想显得知道得比对方多，比对方技高一筹。出现这一问题，实际上是没有摆正位置，因为人们站在不同角度，对同一问题的看法会产生很大的差异。

3. 忌纠正对方

"十里不同风，百里不同俗。"不同国家、不同地区、不同文化背景的人考虑同一问题，得出的结论未必一致。一个真正有教养的人，是懂得尊重别人的人。尊重别人就是要尊重对方的选择。除了大是大非的问题必须旗帜鲜明地回答外，人际交往中的一般性问题不要随便与对方争论是或不是，不要随便去判断，因为对或错是相对的，有些问题很难说清谁对谁错。

4. 忌质疑对方

对别人说的话不随便表示怀疑。所谓防人之心不可无，质疑对方并非不行，但是不能写在脸上，这点很重要。如果不注意，就容易带来麻烦。质疑对方，实际上是对其尊严的挑衅，是一种不理智的行为。

第四节　商务出行礼仪

案例导入

李小燕毕业于国际贸易专业，毕业后，在一家低压电器公司工作。上班没几天，李小燕碰到了这么一件难事。

公司行政会议讨论研究了近期工作安排，其中包括两位领导外出的情况。一是黄总经理到北京出席 11 月 12 日起召开的全国低压电器行业发展论坛，11 月 13 日下午参加在成都举行的企业家沙龙，11 月 14 日上午还要出席本公司的一个新产品推广会议。

考虑到北京的论坛与成都的沙龙中间尚有一定的空隙，黄总有意在北京期间拜会北京格瑞低压电器公司的领导，同时，走访信息产业部科技情报处，并到公司驻北京办事处，听听他们下半年的打算，作些沟通。二是由于黄总活动已排满，原定于 11 月上旬到美国 P 公司的参观考察只能由主管技术的施副总前往，而施副总从未出过国门。

令李小燕犯难的是，会议决定让她负责黄总经理和施副总两位领导商务出行的一些准备工作，包括预订机票、联系住宿、资料准备、办理护照等。

李小燕足足想了一天，完成了一份商务出行计划书，交给了黄总。以下是计划书全文。

根据公司行政会议的安排，黄总将于 11 月 12 日抵达北京、成都出席会议，施副总将于 11 月 13 日赴美国考察，具体安排如下：

1. 黄总计划

11 月 11 日晚，黄总乘飞机到北京，联系一家四星级酒店。

11 月 12 日上午 9 点半，出席全国低压电器行业发展论坛。

11 月 13 日，拜会北京格瑞低压电器公司领导，走访信息产业部科技情报处，到公司驻北京办事处商议下半年工作。

11 月 13 日下午，乘飞机到成都，联系一家四星级酒店，出席下午的企业家沙龙。

11 月 13 日，乘飞机返回杭州。

11 月 14 日，出席公司新产品推广会议。

准备物品有：钢笔、笔记本、公司简介、名片、照相机。

2. 施副总计划

11 月 8 日，办理护照。

11 月 9 日，乘飞机赴美国华盛顿，安排三星级酒店。

11 月 10 日至 11 日，考察美国 P 公司。

11 月 12 日，乘飞机赴纽约观光。

11 月 13 日，乘飞机返回杭州。

11 月 14 日上午，出席公司新产品推广会议。

准备的物品有：笔、笔记本、公司简介、名片、照相机、美元、美国地图。

黄总看完"计划书"后，皱着眉头问："这叫计划书吗？这种计划我还让你安排？哪有明天到美国，今天办护照的？美国与中国的时差呢？"

李小燕的脸红了起来，学国际贸易专业的她居然把"时差"给忘了，更别提她从未接触过的差旅事务的安排了。

一、商务出行的准备

（一）出行计划

1. 确定出行目标

主要目标：如参加一个洽谈会，与对方达成贸易协议，宴请对方，与对方打高尔夫球、举行谈判会议等。

次要目标：如会见老同学、老朋友，联络老客户、寻找新朋友，了解当地最新的生意信息，体验当地的民俗风情，参观当地的名胜古迹。

2. 确定计划日程

确定行程清单，如出发时间、旅程路线、到达时间、所到目的地、顺访地、在当地的停留时间，以及各项活动的日程安排。

第一，日程计划好后要及时与对方联系，看计划的时间与对方的要求是否合适，待调整后最后确定计划日程表。

第二，商务人士要多向做过类似行程计划的同事请教，征求他们的建议，汲取其中的成功经验。

第三，将手机号码和电子邮件等联系方式留给工作人员或同事，商量定期定时联系的时间。

3. 选择交通工具

旅行前，一定要确定选择合适的交通工具，如火车、飞机、轿车、轮船、汽车等，然后提前订票。

4. 选择下榻的宾馆、饭店

宾馆需要提前预订，如果计划在酒店举行商务宴请，也要提前预定，临行前可再确认下。如果因故计划发生改变，应该及时取消预订。

5. 内部工作安排和调整

商务出行不能"一走了之"，工作该移交的移交、该交代的交代，最好当面交代。

（二）涉及商务出国旅行的相关准备

（1）检查护照和签证以及有效日期；

（2）了解要前往国家的海关规定，以便准备行装；

（3）了解要前往国家使用的生活电压等级，决定是否带电器或电压转换器、转换插头等；

（4）阅读一些当地有关文化礼仪、旅游指南、民俗风情的资料；

（5）筹划旅行时，掌握各种事件的最新动态；

（6）最好不要把旅行安排在对方的宗教节日或公休假日期间；

（7）准备小费。

（三）商务出行行李的整理

为了最大限度地减轻负担，可以只带必需的物品。

（1）业务资料准备：协议或合同文本；公司资料，如公司简介、产品说明、报价资料等；对方公司的相关资料；宣传性的礼品，如印有公司标志的小礼品。

（2）办公用品准备：公文包、名片、黑色或蓝黑色的钢笔或签字笔、记事本、笔记本电脑等。

（3）通信工具准备：如手机、充电器。

（4）生活用品准备：换洗的衣服、药品、简单日用品等。

（5）重要物品准备：现金、银行卡、身份证、护照等。

二、乘坐飞机的礼仪

（1）上机时，不得违规携带有碍飞行安全的物品。任何乘客均不得携带枪支、弹药、刀具以及其他武器，不得携带易燃、易爆、剧毒、放射性等危险物品。

（2）登机时，应当认真配合例行的安全检查。在进行安全检查时，每位乘客都要通过安全门，而其随身携带的行李则需要通过监测器。如有必要，安检人员应对乘客或行李使用探测仪进行检查或手工检查。乘客不应当拒绝合作，或无端对安检人员进行指责。

（3）飞行时，务必要遵守有关安全乘机的各项规定。起飞或降落时，一定要自觉地系好自己的安全带，并且收好自己面前的小桌板，同时将自己的座椅调直。当飞机受到高空气流的影响而发生颠簸、抖动时，也要将安全带系好，切勿自行站立、走动。

（4）在飞行期间，要关闭手机、手提电脑等电子设备。

礼仪小贴士

　　　　为确保旅客顺利登机，建议航班起飞前一个半小时到达航站楼，航班起飞前30分钟将停止办理乘机手续；应随身携带护照、签证、旅行证件、现金、票据等贵重物品。

三、乘坐火车的礼仪

　　候车时保持候车室内安静，不大声说话、接听电话，不旁若无人地聊天和嬉闹。自觉维护候车室卫生，不随地吐痰，不随地丢弃吃剩的食物，垃圾随手扔入垃圾桶内。在候车室休息时，一人一座，不可一人占多座，更不要躺在座椅上睡觉。检票时，有秩序地排队，不要拥挤。进入车厢后，对号入座，如果身边有老弱病残孕的乘客，要学会礼让。如果你是上铺，不要长时间坐在下铺上；如果你是下铺，则不要冷漠地对待坐在下铺的乘客。在车厢内，不要随意脱鞋袜。休息时，不要东倒西歪，或把脚跷到对面的座位上。到了车厢内熄灯的时间，谈话时应小声，不要影响其他乘客休息。

四、乘坐高铁的礼仪

　　高铁列车属于全封闭式车厢，所有车厢禁止吸烟，即使在车厢连接处或洗手间内吸烟，列车监控系统都会自动报警，所以不要在车厢内吸烟。高铁车厢与车厢的连接处设有放置大件行李的地方，上车后可将大件行李放于此处，不要带进过道妨碍他人通行。也不要把雨伞、玻璃器皿等物品放到行李架上，以免掉落伤人。

　　高铁开车前5分钟停止检票，而且高铁的安检、实名制车票的核验都需要时间，所以，至少要提前10分钟到达高铁站，为乘车预留出充分的时间。万一错过了乘车时间，要迅速到改退票窗口改签。

　　高铁列车在各经停站一般只停车一两分钟，乘客上下车的时间很短，最好不要下车去休息、抽烟，以免错过开车时间，给自己带来不必要的麻烦。

五、乘坐地铁的礼仪

　　乘坐地铁应按照标志的提示排队。在站台候车时，请站在两侧的箭头内侧指示区，中间的乘客再依次排队上车。上下班高峰期，乘客很多，通道狭窄的地方，切不可故意拥挤，一定要按顺序行走。如果车门的警示铃响起时还没上车，则应耐心等候下一趟。因为地铁的空间比较狭小，所以禁止在车厢内吸烟及饮食。乘坐地铁时，坐姿要规范，不可把脚伸到过道，影响他人通过。女性落座时，两腿要并拢。乘坐地铁不能旁若无人地随意脱鞋袜，不能把垃圾丢在车厢内，不可一人占多席，更不可随意躺在座位上，也不要大声喧哗和播放音乐。女性不要在地铁内当众化妆，情侣应避免在车厢里当众拥吻。

六、乘坐轿车的礼仪

商务交际场合中，乘坐轿车的座次安排和上下车先后顺序不仅是一种讲究，更是一种文明礼貌的体现，所以必须认真地遵守。上下车的基本礼仪原则是"方便宾客，突出宾客"。一般是让领导和客人先上，司机、陪同人员后上。下车时，司机、陪同人员先下，领导和客人后下。

（一）乘车的座次安排

根据驾驶员的身份不同，座次的排列可分为以下两种情况。

一是由车主亲自驾驶轿车。在这种情况下，双排五座轿车上其他四个座位的座次，由尊而卑依次为：副驾驶座、后排右座、后排左座、后排中座。三排七座轿车上其他六个座位的座次，由尊而卑依次为：副驾驶座、中排右座、中排左座、后排右座、后排中座、后排左座。当主人亲自驾车时，若一个人乘车，必须坐在副驾驶座上；若多人乘车，必须推荐一个人在副驾驶座上就座，否则就是对主人的失敬。

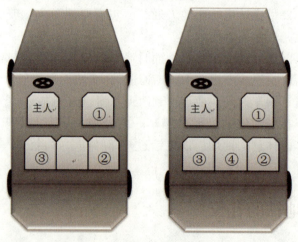

主人驾驶轿车，双排五座轿车的座位安排

二是由专职司机驾驶轿车。在这种情况下，双排五座轿车上其他四个座位的座次，由尊而卑依次为：后排右座、后排左座、后排中座、副驾驶座。三排七座轿车上其他六个座位的座次，由尊而卑依次为：后排右座、后排左座、后排中座、中排右座、中排左座、副驾驶座。三排九座轿车上其他八个座位的座次，由尊而卑依次为（假定驾驶座居左）：中排右座、中排中座、中排左座、后排右座、后排中座、后排左座、前排右座、前排中座。

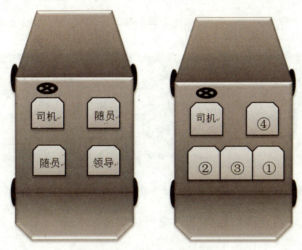

司机驾驶轿车，双排五座轿车的座次安排

（二）上车礼仪细节

第一，上车时，为领导和客人打开车门的同时，左手固定车门，右手护住车门的上沿（左侧下车相反），防止客人或领导碰到头部，确认领导和客人身体安全进车后，轻轻关上车门。如果是女士上车入座，要大方端庄，从容稳重。打开车门后，转身面对车门，先轻轻坐下，将头和身体移入车内，再将双脚并拢收入车内，坐好后，再调整坐姿。如果女士穿裙子，则在坐下之前先把裙子理好，坐下后再将双脚收入车内。如果是男士上车入座，如图所示。

第二，如果是外出办事，同去的人较多，对方热情相送，这时候应在主动向对方道谢之后，先上车等候。因为送别仪式的中心环节是在双方的主要领导之间进行的，如果所有人都非要等领导上车后再与主人道别上车，就会冲淡双方领导道别的气氛，而上车时也会显得混乱无序。所以，如果大家是同乘一辆车，随从人员要先上车，并主动坐到后排。如果是分乘几辆轿车，则应先坐到各自的车内等候，只需留下一个与领导同车的人陪同领导道别即可。

女士上车步骤1

女士上车步骤2

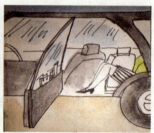
女士上车步骤3

男士上车步骤1　　　　　　男士上车步骤2　　　　　　男士上车步骤3

第三，在环境允许的条件下，应当请女士、长辈、上司或嘉宾首先上车。

第四，若与女士、长辈、上司或嘉宾在双排座轿车的后排一同就座，应请后者首先从右侧后门上车，在后排右座上就座。随后，前者应从车后绕到左侧后门登车，落座于后排左座。

第五，由主人亲自开车时，出于对乘客的尊重与照顾，主人可以最后一个上车，最先一个下车。主人应为同车的第一主宾打开轿车的右侧后门，用手挡住车门上沿，防止客人碰到头。客人坐好后再关门，注意不要夹了客人的手或衣服。然后从车尾绕到左侧为另外的客人开门或自己上车。

（三）下车礼仪细节

第一，下车时，司机陪同人员先下车，快速地为领导和宾客开车门，同时一手固定在车门上方，一手护住车门。

第二，如果陪领导出席重要的欢迎仪式，到达时对方已经做好迎接准备，这个时候一定要等领导下车后再下车，否则就会有"抢镜头"之嫌。

第三，在人多并且合适的场合中，男士先下车，女士、长辈后下车；服务人员先下车，领导后下车。

第四，若无专人负责开启车门，陪同人员则应首先从左侧后门下车，从车后绕行至右侧后门，协助女士、长辈、上司或嘉宾下车，即为之开启车门。

第五，乘坐有折叠椅的三排座轿车时，按照惯例应当由坐在中间一排加座上的人最后登车，最先下车。

第六，乘坐三排九座轿车时，应当由低位者，即男士、晚辈、下级、主人先上车，而请高位者，即女士、长辈、上司、客人后上车。下车时，其顺序则正好相反。唯有坐于前排者可优先下车，拉开车门。轿车的类型不同，乘车时的座次排列也大为不同。下车时，先打开车门，转身面对车门，同时将双腿慢慢移出车门。女士下车时仍要注意双腿并拢移出车门，双脚落地踩稳后，再将身体移出车外。

女士下车步骤1

女士下车步骤2

女士下车步骤3

男士下车步骤1

男士下车步骤2

男士下车步骤3

七、乘坐公交车的礼仪

（1）排队候车。要在指定地点候车，等车停稳后再上下车。按照到达的先后，在站台上排成候车队伍，按顺序上下车。乘车时，前门上后门下，上车后主动投币或刷卡。

（2）互谅互让。乘坐公交车时难免会出现一些不经意的小碰撞、小摩擦，大家应该相互体谅，碰到别人的一方要真诚道歉，而另一方也不要过分计较。乘车时，应主动为老、弱、病、残、孕和抱小孩的乘客让座，当他人为自己让座时，要立即道谢。

（3）讲究卫生。自觉保持车站、车厢的清洁卫生，不在车站和车厢内吸烟、吐痰、乱丢废弃物，不向窗外扔垃圾。不在车内嬉戏打闹，乘车时不将头、手伸出窗外。

（4）确保安全。不带易燃、易爆和危险品上车，不私自开启车门，不在车未停稳时上下车。注意保管好随身物品，发现失窃应立即通知驾乘人员或报警；发生危急情况，应服从驾乘人员安排，及时疏散。

（5）着装整齐。比如，在夏天，男士不能光着膀子坐公交车，女性也不能穿着暴露乘坐公交车。

（6）不妨碍他人。雨雪天，上车时应把雨伞折拢，雨衣脱下叠好。人多时，车上遇到熟人只要点头示意即可，不可挤过去交谈。到站前，提前向车门移动时，要向别人说"请原谅"或"对不起"。

八、乘坐电梯的礼仪

（一）乘手扶电梯礼仪的"四要"

（1）要靠右边站立，留出左边让赶路的人通过。

（2）搭乘前，要系紧鞋带，留心松散、拖曳的服饰（例如长裙、礼服等），以防被电梯边缘、梳齿板、围裙板或内盖板挂拽。

（3）乘梯时，应有一只手扶住电梯扶手，以免电梯发生意外突然停止时失足跌落。

（4）离开时，要顺梯级运动之势抬脚迅速迈出，跨过梳齿板落脚于前沿板上，以防被绊倒或鞋子被夹住。

乘手扶电梯要遵行"右立左行"原则

（二）乘垂直电梯礼仪

（1）乘坐电梯要先进后出。陪顾客的时候，如果你是接待人员，就一定要遵循先进后出的原则。一般来说，陪同顾客乘无人驾驶的电梯时，先在电梯门前按呼梯按钮，电梯门打开后，先进入，然后一手扶住电梯厅门一侧或一手按开门按钮，请顾客进入电梯厢。

主人陪同顾客乘无人驾驶的电梯时，应先在电梯门前按呼梯按钮

（2）接待多位顾客时，尊者先入电梯。当你接待多位顾客时，应按照顾客的身份、职务、辈分，请女士、长辈、上司和老者先进入电梯。等到顾客全部进入电梯后，关上电梯，随即按下目的地楼层的数字按钮。若电梯行进期间有其他人进入，可主动询问要去的楼层，并帮忙按下楼层按钮。

主人先进电梯

客人先出电梯

接待多位顾客时，尊者先出电梯

接待多位顾客时，尊者先入电梯

九、入住酒店的礼仪

（1）住店预约的礼仪。外出旅行或出差要通过电话、上网或传真提前预订酒店的房间，尤其是在旅游旺季或节庆假日出门。预定时，必须要考虑好酒店的地理位置、品牌、价格等因素。

（2）登记入住的礼仪。进入酒店大堂后，应该先到酒店前台登记，如果你带了大量的行李，门童会帮助你搬运行李，你可以礼貌地谢过之后出示身份证、交付押金登记入住。酒店大堂因为过往的人很多，注意一定不要大声说话和吵闹，不要让自己的孩子乱跑乱跳。

（3）客房入住的礼仪。入住后，要爱护客房设施，保持房间整洁，尊重服务人员的劳动，不影响他人休息，注意个人形象。大厅和走廊是酒店的主要公共场合，不要表现得像在自己家里一样，穿着睡衣和浴衣走来走去。虽然打扫客房是服务员的工作，但是也不能因为有人代劳就不注重保持清洁卫生。

（4）结账离店的礼仪。离店时不要从酒店拿走毛巾、睡衣或其他物品，除非你愿意为此付款。如果不小心弄坏了酒店的物品，不要隐瞒要赖，要勇于承担责任加以赔偿。结账离店之前，可以先给前台打个电话通知退房，如果行李多，可请酒店安排人帮忙提行李。结账完毕，要礼貌地致谢、道别。

十、陪同领导的礼仪

陪同领导外出，拎包、倒水看似简单，其实要出色地完成这项工作并不容易。它要求随行人员掌握常识、讲究礼仪、增强素质，既能按规矩办事，又能灵活机动见机行事，这样才不会影响领导外出活动的效果。因此，在陪同领导外出过程中，应注意以下礼仪细节：

第一，与领导充分沟通，了解出差目的、必备物品、外出工作内容和需要接见的对象，并根据工作内容和接见对象准备相关的文件、资料、礼品、证件、相机等，安排好领导的行程。

第二，如果是开会，就应准备开会需要的资料，自己应先学习有关会議的内容，以便能在開會時做好会議記録。

第三，如果是走訪或談判，就应当先做好对走访或谈判对象的一些调查和了解。

第四，了解本次外出活动的任务、目的及领导对一些重要问题的基本看法，以便按领导意图及时提供服务，避免因不解其意而手足无措，甚至发生帮倒忙的情况。

第五，与所去之地的有关单位事先联系，发送公函时附上前往人员的名单（包括姓名、性别、民族、职务等），说明此行目的和行程计划等。

第六，如果公司派车，则要提前通知司机准备好车辆，带好差旅费用、换洗衣物及常用药品等。

第七，时间观念要强。随行人员在征求领导意见后，要与司机等随行人员约定好出发时间及行车路线；外出中的所有活动，随行人员都要提前做好准备，按时召集其他随行人员在指定地点等候领导，不能让领导等其他人。

第八，要保持通信畅通。在陪同领导外出时，一定要与领导及同行人员时刻保持联系。因为在外出活动中，情况随时都可能发生变化。因此，随行人员哪怕是短时间的单独行动，也要与领导及同行人员保持联络的畅通。

第九，入住宾馆后，要让同行者之间互相知晓对方所住的房间，要及时将同行者所住房号、内部电话拨法提供给领导，以便及时联络。

📑 延伸阅读

[1] 李洁.礼仪是一种资本:日常礼仪的300个细节[M].北京:北京出版社,2015.

[2] 夏志强.商务礼仪100堂课[M].北京:经济管理出版社,2016.

[3] 罗宇.商务礼仪实用手册[M].北京:人民邮电出版社,2014.

[4] 赵凡禹.30岁前要学会的33堂礼仪课[M].上海:立信会计出版社,2014.

[5] 朱力.商务礼仪[M].北京:清华大学出版社,2016.

[6] 史兴松.国际商务礼仪:英文版[M].北京:对外经济贸易大学出版社,2012.

视频链接

国家精品在线开放课程（慕课）"现代礼仪"第三章生活礼仪、第五章职场礼仪。
http://www.icourse163.org/course/HNU – 20005。

第 四 章

商务仪式礼仪

　　仪式礼仪是企业对内营造和谐氛围、增强凝聚力，对外扩大宣传、塑造形象的有效手段。无论是主办方还是参加者，都必须遵守一定的流程和礼仪规范。本章主要介绍有关商务交往中庆典仪式、签约、新闻发布会和企业年会等庆典活动的具体筹备、流程和礼仪规范。

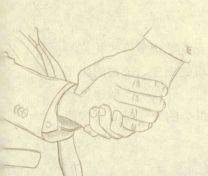

第一节　商务庆典仪式礼仪

案例导入

别开生面的开业典礼

2017年8月8日，是某市一家五星级酒店隆重开业的日子。

这一天，酒店上空彩球高悬，四周彩旗飘扬，身着鲜艳旗袍的礼仪小姐站立在店门两侧，她们的身后摆放着整齐的鲜花、花篮，所有员工服饰一新、精神焕发，整个酒店沉浸在喜庆的气氛中。

开业典礼在店前广场举行。

上午11时许，应邀前来参加庆典的有关领导、各界友人、新闻记者陆续到齐。正在举行剪彩之际，天空突然下起了倾盆大雨，典礼只好移至厅内，一时间，大厅内聚满了参加庆典的人员和避雨的行人。典礼仪式在音乐和雨声中隆重举行，整个厅内灯光齐亮，使得庆典别具一番特色。

典礼完毕，雨仍在下着，厅内避雨的行人短时间内根本无法离去，许多人焦急地盯着厅外。于是，酒店经理当众宣布："今天能聚集到我们酒店的都是我们的嘉宾，这是天意，希望大家能同鄙店共享今天的喜庆，我代表酒店真诚邀请诸位到餐厅共进午餐，当然一切全部免费。"霎时间，大厅内响起雷鸣般的掌声。

虽然酒店开业额外多花了一笔午餐费，但酒店的名字在新闻媒体及众多顾客的渲染下却迅速传播开来，接下来酒店的生意格外红火。

开业典礼是企业的大喜日子，是气氛热烈而又隆重的庆祝仪式，既表明企业对此项活动庄重、严肃的态度，又可借此扩大企业的社会影响，提高企业的知名度和美誉度。该酒店的经理借开业典礼之机请进避雨的行人共享开业的喜庆，借此树立企业形象，收到了意想不到的效果。这一举动很好地体现了该酒店经理的组织能力、社交水平及文化素养，是企业发展的第一个里程碑。

庆典仪式是社会政治、经济、文化活动开幕、开业等众多仪式礼仪的统称。具体是指商界的有关单位为了纪念或庆贺公司的成立、公司的周年庆典、项目的开工、宾馆的开业、商店的开张、银行的开业、大型建筑物的启用、道路或航道的开通、展销会、博览会、订货会的开幕等，而按照一定的程序举行的一项隆重的礼仪活动。它们既有共性也有个性，共性表现在要按照仪式礼仪的规范严格办事，热烈而隆重；个性则表现在仪式的具体运作上存在着不少的差异，需要有所区别。

一、庆典仪式的原则

（一）适时原则

每个庆典仪式都需要适时举行。选择一个好时机，不仅可以为活动典礼增色不少，还可以增强活动的效果。一般情况下，一个企业举办庆典仪式时要把企业时机、市场时机结合起来考虑。有些庆典活动是与有关节日、纪念日相结合的活动，比如东风汽车公司成立四十周年暨庆祝建国六十周年大型庆典晚会活动、湖南志成房地产评估有限公司20周年庆等，这些庆典时间通常只能提前，不能推后。然而，有关开业、竣工的庆典活动，比如长沙市轨道交通4号线二标段轨道首铺仪式、湘欧快线"长沙－布达佩斯首发仪式"等庆典活动的时间选择要结合考虑相关的领导是否能出席，以及前后是否会有重大节庆节日等因素。

（二）适度原则

国家有关部门专门对庆典仪式做出了明文规定，要严格控制，认真执行申报制度，同时还要有精品意识。典礼过多、过滥，将会在一定程度上影响庆典仪式的质量和效果。所以，典礼活动的规模、形式还必须得和单位、项目情况大体相匹配。

（三）隆重原则

通常一个平淡、普通的庆典仪式，不会给人留下深刻印象，也不会取得好的新闻效果。只有热烈、喜悦、庄重、大气的庆典气氛，才能达到塑造形象、显示实力、扩大影响的目的。因此，举办方要通过现场布置、形式选择、程序安排等环节，努力营造隆重热烈的气氛，并且要力求有创意。

二、庆典仪式的准备

（一）做好宣传工作

在庆典仪式开始之前采用的媒体专题报道，媒体发布广告、发放单页宣传纸，以及锣鼓队宣传、花车宣传和LED广告车等宣传行为和手段，都可以造成一定的声势，引起公众的广泛关注。一般情况下，公关活动及宣传广告等活动适宜安排在庆典仪式前3～5天进行，最早不超过一周，过早和过迟都难以收到良好的宣传效果。同时，还应提前邀请媒体记者，届时进行现场采访报道，以便进一步扩大影响。

（二）拟出宾客名单

除上述媒体记者外，参加庆典仪式的人员还包括：政府相关部门领导、社会知名人士、同行业代表、社区负责人及客户代表、本企业领导、员工代表、服务人员等。通常主办单位在庆典仪式前都会给嘉宾发出邀请函。剪彩或揭幕人员大多是上级领导、主管部门负责人或社会知名人士，所以主办单位领导会亲自出面或委派代表专程邀请上述重要嘉宾。如果被邀请的剪彩嘉宾不止一人，最好是事先征得每位剪彩嘉宾的同意。

（三）布置仪式现场

庆典仪式的现场一般选在企业、商场、酒店的正前门。现场布置要突出喜庆、隆重的气氛，需准备标语彩旗、横幅、气球、红地毯、庆典花篮等用品。有些企业还准备了鼓乐队、飞鸽、充气拱门、绿植盆景，以烘托庆典气氛。举办庆典仪式通常要注意的几点是：

一是现场应有庆典仪式的主横幅或LED字幕，如"热烈祝贺湖南省×××有限责任公司隆重开业""热烈庆祝广东省×××公司成立十周年""热烈祝贺×××集团成立二十二周年"等字样；

二是现场需有摆放来宾赠礼的位置，如花篮、盆景等；

三是要遵守城市管理规定，在不允许放鞭炮的城市，举行庆典仪式时应自觉不鸣放鞭炮，改用环保型的电子鞭炮；

四是为了不引起周边社区群众的投诉，音响或鼓乐声在节奏和音量上要加以控制；

五是如果庆典仪式现场布置的设施妨碍正常的交通秩序，应请交通部门派人协调指挥。

除以上注意事项外，庆典仪式如果安排了剪彩，还需仔细地准备剪彩仪式上所需使用的用具，比如红色缎带、新剪刀、白色薄纱手套、托盘、红色地毯等。

（四）细节不可忽视

庆典仪式的准备工作必须认真细致、精益求精。任何一个环节出了差错，都会影响到整体效果，因此，具体事项的细节工作很重要。比如请柬的准备和发送务必落实到被邀请人，并有确切的回复；贺词的撰写、讨论和审定要慎重，字体要大，内容要简练，话语要热情；现场接待人员应年轻、精干，且形象好、气质佳，并佩戴醒目的标志。贵宾到场时，企业主要负责人应亲自上前迎接；工作人员事前要调试好设备，千万不可临场出错；还有来宾的胸花、座位牌、饮品、礼物等都要一一准备好。另外，场地的布置、现场环境的卫生、灯光与音响的准备、媒体的邀请、人员的培训、现场的安全保卫工作等也是不可忽视的。

三、庆典仪式的礼仪

庆典仪式的礼仪规范主要由主办方参加者的礼仪和参加庆典嘉宾的礼仪两项内容组成。

（一）主办方参加者的礼仪

在举行庆祝仪式之前，主办方应对本单位的全体员工进行必要的礼仪教育，要求大家在参加庆典仪式时必须严格遵守以下礼仪规范：

第一，仪容整洁。事先要洗澡、理发，男士还应刮干净胡须。无论如何，届时都不允许本单位的人员蓬头垢面，给本单位的形象"抹黑"。

第二，服饰规范。主办单位如有统一式样的制服，则要求穿着统一制服参加庆典。如无统一制服，则应规定本单位人员届时穿正装出席庆典，即男士穿深色的中山装套装或西装套装，配白衬衫、黑色皮鞋；女士穿深色西装套装或西装套裙，配肉色连裤丝袜、黑色高跟鞋，或者穿花色素雅的连衣裙。倘若条件允许，最好是本单位出席者统一着装。仪式当天，主办单位的主要领导要着正装，在现场依照身份站成一排，面带微笑迎候客人，并与客人热情握手以示感谢。

第三，遵守时间。严格按照庆典的起止时间按时开始、准时结束，期间不允许无故缺席或中途退场。

深色西装套装

深色西装套裙

第四，仪态庄重。在庆典举行的整个过程中，参加人员都要仪态庄重、全神贯注、聚精会神。假若庆典安排了升国旗仪式，则要全体起立、行注目礼，凡是东张西望、乱唱国歌，起立或坐下时把座椅搞得乱响，奏唱国歌期间胡乱走动或与人交头接耳等行为，都应被列为影响本单位形象的不良行为。

第五，态度友好。遇到来宾，要主动热情地问好。对来宾提出的问题，要立即予以友善的答复。不要围观来宾、指点来宾，或是对来宾持有敌意。当来宾在庆典上发表贺词时，要主动鼓掌表示欢迎或感谢，不要在鼓掌对象上"挑三拣四""厚此薄彼"。不论来宾在台上台下说了什么话，主办方人员都应当保持克制，绝不允许以吹口哨、喝倒彩、敲桌椅、乱起哄等形式打断来宾的讲话，向其提出挑衅性质疑，与其进行辩论，或是对其进行人身攻击。

第六，举止文明。在出席庆典时，主办方人员不能想来就来，想走就走，不能在庆典举行期间乱走乱转，不能朝身边的观众或主席台上的嘉宾挤眉弄眼，不能在台下讲小话、看报纸、读小说、听音乐、打游戏、打瞌睡等。

（二）庆典嘉宾的礼仪

作为参加庆典仪式的嘉宾，则必须谨记以下四个方面的礼节：

1. 沉着冷静

走上讲坛时，应不慌不忙地在台下候场，然后大方自如地走上台。在开口讲话前，应平心静气，不要气喘吁吁，急得讲不出话来。

2. 讲究礼貌

发言开始，开场白要说"大家好"或"各位好"。在提及感谢对象时，应目视对方。讲话结束时，要说"谢谢大家"。

3. 言简意赅

发言一定要在规定的时间内结束，宁短勿长，不要随意发挥、信口开河。

4. 少做手势

嘉宾发言时正确的手势应当是：五指伸直并拢、掌心向上，腕关节伸直，指尖与手臂形成一条直线。发言时尽量少做手势，手势太多，通常给别人留下不够稳重、故作姿态的印象。乱用手势，还有可能让人产生反感，给别人留下装腔作势、没有涵养的印象。

四、常见的庆典仪式

根据不同的适用场合，庆典仪式又可以分为开业典礼、庆典仪式、交接仪式、剪彩仪式、开盘仪式、开工仪式、奠基仪式、通车仪式、认筹仪式、开幕式仪式等。下面重点介绍几种常见的庆典仪式。

（一）开业剪彩仪式

剪彩通常应包含如下七个基本的流程。

1. 来宾就位

在剪彩仪式上，通常只为剪彩人员、来宾和本单位的负责人安排座席。在剪彩仪式开始前，应邀请来宾在已排好顺序的席位上就座。一般情况下，剪彩人员应在前排就座。如果是多人参加剪彩，则应按照剪彩时的具体顺序就座。

2. 宣布开始

在主持人宣布仪式开始后，须全场起立，乐队演奏国歌或本单位标志性歌曲，现场还可放礼花礼炮，全体到场者应热烈鼓掌。

3. 介绍来宾

主持人应向全体到场者介绍到场的重要来宾。

4. 启动仪式

通常以邀请专人剪彩、揭幕或其他创意方式启动仪式。

（1）剪彩。

首先是确定人员。剪彩人员的人数不宜过多，通常以 1～3 人为佳。剪彩人员一般应由客人中地位最高人士、知名人士、主管部门负责人或上级领导担任为宜。剪彩人员一定要提前确定，尽早相告。助剪人员由剪彩单位的负责人与礼仪小姐一同担任。助剪人员分为引导者、拉彩者、捧花者和托盘者。引导者可以为一人，也可以为每一位剪彩人员配一名引导者。拉彩者应安排两名。捧花者的人数则应视花数而定，一般应当一人一花。托盘者可以是一人，也可以是一名剪彩人员配一名托盘者。一般情况下，助剪人员由经过训练、形象较好的礼仪小姐担任。有时，为了表示重视或对剪彩人员的尊重，捧花者可以由剪彩单位的主要负责人亲自担任。礼仪小姐应穿着统一式样、统一面料、统一色彩的礼服。本单位的负责人则应穿深色西装套装或西装套裙。

女款深色西装套装

女款深色西装套裙

　　然后是剪彩程序。剪彩开始前，助剪人员应各就各位。拉彩者与捧花者应当面含微笑，在既定位置上拉直缎带，捧好花朵。

　　主席台上的人员一般要尾随在剪彩人员之后 1～2 米处。

　　当主持人宣布剪彩开始后，引导者应带领剪彩人员走到红色缎带之前，面向全体出席者站好，然后引导者从剪彩人员身后退下。接着，托盘者从左后侧上场，依次为剪彩人员送上剪刀与手套，当剪彩人员剪彩时，应在其左后侧约 1 米处恭候。

　　剪彩时，剪彩人员应同时行动。剪彩之前，剪彩人员应先向拉彩者与捧花者示意，随后动作利索地用剪刀剪彩，要"一刀两断"。捧花者注意，不要让花朵掉落在地。这时，主持人带领全体来宾鼓掌，乐队奏乐。

　　最后，剪彩完毕。剪彩人员应脱下手套，将它与剪刀一起放进托盘里。托盘者与拉彩者、捧花者后退两步，然后一起依次列队从左侧退下。此后，剪彩人员应向全体出席者鼓掌，并与主持人和其他主人一一握手，以示祝贺，随后紧随引导者依次退场。

　　（2）揭幕。

　　揭幕的具体做法是：

　　一是揭幕人行至彩幕前恭位，礼仪小姐双手将开启彩幕的彩索递给对方；

　　二是揭幕人随之目视彩幕，双手拉启彩索，展开彩幕；

　　三是全场目视彩幕，鼓掌并奏乐。

（3）创意启动。

创意启动仪式的具体做法是：

其一，按钮/触摸启动仪式。通过各种形式的道具，并为道具制作一个触发或触摸感应按钮，领导按下按钮完成启动。

其二，视频触摸启动。通过制作视频，将实体的按钮或触摸启动做成虚拟的演示效果。

其三，推杆式启动。将启动道具做成具备推杆功能的形式，嘉宾通过推杆的动作完成启动。

其四，水晶球启动。嘉宾通过触摸水晶球的动作完成启动。

5. 致答谢词

发言者应为东道主单位的代表，其内容应言简意赅，每人不超过3分钟，重点分别应为介绍、道谢。

6. 发言祝贺

发言者应分别为上级主管部门的代表、地方政府的代表、合作单位的代表等，发言重点应为致贺。

7. 陪同参观

开始正式接待顾客或观众，对外营业或对外展览宣告开始。剪彩或揭幕结束后，主人应陪同来宾进店（馆、场、院等）参观，并详细介绍情况，来宾随同主人认真聆听介绍，点头称道。为表示谢意，主人还会为来宾备茶点招待、赠送纪念性礼品或设宴款待全体来宾。

来宾告辞时，主人应送至门外，然后宾主握手话别。从即日起，正式开业。

（二）奠基仪式

奠基仪式，通常是一些重要的建筑物，如大厦、场馆、亭台、楼阁、园林、纪念碑等，在动工修建之初，正式举行的庆贺性活动。

1. 奠基仪式现场与一般庆典仪式的不同

首先，奠基仪式举行的地点一般选择在动工修筑建筑物的施工现场，按常规应选择在建筑物正门的右侧。

其次，奠基仪式在工地上要预埋好奠基石，一般情况下，用于奠基的奠基石应为一块完整无损、外观精美的长方形石料，奠基石上应用布扎好大红花。奠基石上的文字通常应当竖写，在其正中央、右上方、左下方分别刻有"奠基"二字、建筑物的正式名称、奠基单位的全称和举行奠基仪式的具体年月日。奠基石上的字，大多以楷体字刻写，并且最好是白底金字或白底红字。在奠基石的下方或一侧，还应安放一只密闭完好的铁盒，内装与该建筑物有关的各项资料以及奠基人的姓名。届时，它将同奠基石一道被奠基人等培土掩埋于地下，作为纪念。

再次，奠基仪式的现场应设立彩棚，安放该建筑物的模型或设计图、效果图，并使各种建筑机械就位待命，特别是打桩机要预先做好准备，进入施工位置，等待开工的命令，打桩机顶上应挂上一面红旗。

最后，还要准备好足够的新铁锹，铁锹柄上应系有红色绸带。

2. 奠基仪式的程序

第一项，仪式正式开始。介绍来宾。

第二项，全体起立，奏国歌。

第三项，主办单位或开发商领导致辞，对前来参加仪式的上级领导以及来宾表示感谢，同时对该建筑物的功能以及规划设计进行简要介绍。

第四项，来宾致辞道喜。

第五项，正式进行奠基。此时，应锣鼓喧天或演奏喜庆乐曲。首先由奠基人双手持握系有红绸的新锹为奠基石培土。随后，由主人与其他嘉宾依次为之培土，直至将其埋没为止，参加者一起鼓掌祝贺。最后，打桩机开始打桩，工程正式启动。

第六项，主持人宣布奠基仪式结束。

第二节　商务签约仪式礼仪

🗩 案例导入

2016 年 6 月 16 日，"马来西亚城"项目系列签约仪式在吉隆坡举行。马来西亚总理纳吉布与黄惠康大使共同出席见证。

纳吉布总理在致辞中表示，"马来西亚城"项目是马来西亚迈向高收入国家的重要发展计划之一，也是马中两国长期友好合作关系的见证，感谢习近平主席与李克强总理对加强马中双边关系所给予的坚定支持。纳吉布总理对"马来西亚城"项目取得的突破性进展表示祝贺，马政府承诺出台一揽子包括税收优惠在内的激励政策，以吸引更多跨国公司在"马来西亚城"投资。未来，"马来西亚城"将成为马来西亚迈向世界的桥梁。

黄惠康大使在致辞中说，2016 年 6 月 16 日是意味着三重吉祥的好日子，上海迪士尼乐园也选择在今天正式开园。在纳吉布总理的支持下，自去年 12 月 31 日以来，该项目以"马来西亚城速度"加速推进，今日签署的三项重要协议具有里程碑意义。黄惠康大使强调，中马两国是好邻居、好朋友、好伙伴，双方发展理念相通，中国政府对马来西亚强大的经济活力充满信心。相信在"一带一路"和国际产能合作倡议的指引和带动下，在中马两国政府的共同努力下，越来越多的中国企业将在马来西亚投资兴业，中马两国经贸合作必将造福国家、惠及人民。

在纳吉布总理和黄惠康大使的共同见证下，中国铁路工程总公司（CREC）和马来西亚依海控股有限公司（IWH）联营体与马来西亚财政部签署了《马来西亚城股份有限公司股东合资协议》；中国银行、中国工商银行、中国建设银行、汇丰银行、马来西亚银行、联昌银行、马来西亚兴业银行以及艾芬银行代表共同签署谅解备忘录，将为"马来西亚城"项目发展提供融资支持；马来西亚城股份有限公司与马来西亚雇员公积金局持股的马资源合作有限公司（MRCB）签署谅解备忘录，将合作建设马来西亚城综合交通枢纽。

在商务交往活动中，双方经过洽谈、讨论，就某项重大问题、重要交易或合作项目达成一致，就需要把谈判成果和共识，用准确、规范、符合法律要求的格式和文字记载下来，经双方签字盖章，形成具有法律约束力的文件。围绕这一过程，一般都要举行签约仪式。

一、签约仪式的准备

签约仪式是由双方正式代表在有关协议或合同上签字并产生法律效力，体现双方诚意和共祝合作成功的庄严而隆重的仪式。因此，主办方要做好充分的准备工作。

（一）人员准备

根据签约文件的性质和内容，安排参加签约仪式的人员。参加签约仪式的人员有的涉及到国家部委，有的涉及到地方政府，也有的涉及到对方国家，因此要作相应的安排，原则上是强调对等，人员数量上也应大体相当。一般来说，双方参加洽谈的人员均应在场。客方应提前与主办方协商自己出席签约仪式的人员，以便主办方作相应的安排。具体签字人，在地位和级别上也应要求对等。

（二）文本准备

协议或合同一旦签订即具有法律效力。所以，待签的文本应由双方与相关部门指定专人，分工合作完成好文本的定稿、翻译、校对、印刷、装订等工作。除了核对谈判内容与文本的一致性以外，还要核对各种批件、附件、证明等是否完整准确、真实有效，以及译本副本是否与样本正本相符。如有争议或处理不当，应在签约仪式前，通过再次谈判以达到双方谅解和满意方可确定。作为主办方，应为文本的准备过程提供周到的服务和方便的条件。

（三）场所准备

主办方应按照参加签约仪式人员的身份和级别、参加仪式人员的多少和所签文件的重要程度等诸多因素来确定和落实举行仪式的场所，比如星级宾馆、饭店、政府的会议室和会客厅都可以选择。既可以大张旗鼓地宣传，邀请媒体参加，也可以选择一个僻静场所进行。无论怎样选择，都应是双方协商的结果。任何一方自行决定后再通知另一方，都属失礼的行为。

（四）现场准备

现场布置的总原则是庄重、整洁、清静。我国常见的布置为：在签约现场设一张加长型条桌，桌面上覆盖着深冷色台布，还应考虑双方的颜色禁忌，桌后只放两张椅子，供双方签约人签字时用。礼仪规范为客方席位在右，主办方席位在左。桌上放好双方待签的文本，上端分别置有签字笔。如果是涉外签约，在签字桌的中间摆一国旗架，按照"以右为尊"的原则分别挂上双方国旗。如果是国内地区、单位之间的签约，也可在签字桌的两端摆上写有地区、单位名称的席位牌。签字桌后应有一定空间供参加仪式的双方人员站立，背墙上方应有"××项目签字仪式"字样的条幅或字幕。签字桌的前方应开阔、敞亮，如请媒体记者，应留有空间，配好灯光。

二、签约仪式的程序

签约仪式上，双方参加谈判的全体人员都要出席，签约仪式的程序一般由以下步骤构成。

第一，参加签约仪式的双方代表及特约嘉宾按时步入签字仪式现场。

第二，签约者在签约台前入座，其他人员分主、客各站一边，按其身份自里向外依次由高到低，列队于各自签约者的座位之后。

第三，双方助签人员分别站立在自己签约者的外侧。

第四，签约仪式开始后，助签人员协助签字人翻开文本，用手指明具体的签字处，由签字人签上自己的姓名，并由助签人员将己方已签字的文本递交给对方助签人员，交换对方的文本再签字。

第五，双方保存的协议文本都签好字以后，由双方的签字人郑重地相互交换文本，同时握手致意、祝贺，其他随行人员则应该站立，并以热烈的掌声表示祝贺。

第六，协议文本交换后，服务人员用托盘端上香槟酒，双方签约人员举杯同庆，以增添合作的愉快气氛。

第七，签约仪式结束后双方还应共同接受媒体采访。退场时，可安排客方人员先走，主办方送客后自己再离开。

三、签约仪式参加者的礼仪

谈判不成当然无须签约，签约是洽谈成功的结果。签约仪式上，双方气氛显得轻松和谐，也没有了洽谈时的警觉和自律，但签约仪式礼仪仍不可大意。

第一，服饰整洁。参加签约仪式，应穿正式服装，庄重大方，切不可随意着装。这反映了签约一方对签约的整体态度和对对方的尊重。

第二，身份对等。签约双方的身份和职位应对等，过高或过低都会造成不必要的误会。其他人员在站立的位置和排序上也应有讲究，不可自以为是。在整个签约完成之前，参加仪式的双方人员都应平和地微笑着直立站好，不宜互相走动谈话。

第三，互换签字。按照"轮换制"的国际惯例，签字者应先在自己一方保存的文本左边首位处签字，然后交换文本，在对方保存的文本上签字。这样可使双方都有一次机会首位签字。在对方文本上签字后，应亲自与对方签字者互换文本，而不是由助签者代办。

第四，举杯共庆。最后，双方举杯共饮香槟酒时，不能大声喧哗，碰杯要轻，而后高举示意，浅抿一口即可，举止要文雅有风度。

第三节　新闻发布会的礼仪

案例导入

20世纪80年代后期，国内的一家民营企业开发出一种全新的果

125

汁型饮料。这种饮料不仅营养丰富、无添加剂、口感舒适，而且符合健康和卫生标准，并与国际上饮料的流行趋势相吻合。然而，国内的饮料市场几乎已被外国饮料所占领。要在当时特定的条件下，将这种新型的国产饮料推上市场，并且争得一席之地，可以说是难上加难。要想在广告宣传上与财大气粗、经验丰富的外国饮料商决一雌雄，显然不是国内这家民营企业的强项。于是，它的负责人决定另辟蹊径，在力所能及的情况下，为自己做上一次"软广告"。在饮料消费的旺季来临之前，这家企业专门租用了首都北京一座举世知名的建筑物，在其中召开了一次由新闻界人士为主要参加者的新产品说明会。在会上，这家企业除了向与会者推介自己的新产品之外，还邀请到国内著名的饮料专家与营养专家，请其发表各自的高见，并邀请全体与会者品尝这项新产品。此后，不少与会的新闻界人士不仅争先恐后地在自己所属的媒体上发布这条消息，而且纷纷自愿地为其大说好话。有些新闻界人士甚至站在维护国产饮料的立场上，为其摇旗呐喊。结果一时间令其名声大振，销量也随之大增，终于在列强林立的饮料市场上脱颖而出。从会务礼仪的角度来看，这家民营企业为推出自己的新品饮料所举行的那次带来了巨大成功的新产品说明会，即为新闻发布会。

新闻发布会就是以发布新闻为主要内容的会议。它是一种主动传播各类有关的信息，谋求新闻界对某一社会组织或某一活动、事件进行客观而公正的报道的有效沟通方式。对商界而言，举办新闻发布会，是自己联络、协调与新闻媒介之间的相互关系的一种最重要的手段。新闻发布会的常规形式是：由某一商界单位或几个有关的商界单位出面，将有关的新闻界人士邀请到一起，在特定的时间、地点举行一次会议，宣布某一消息，说明某一活动，或者解释某一事件，争取新闻界对此进行客观而公正的报道，并且尽可能地争取扩大信息的传播范围。按照惯例，当主办单位在新闻发布会上进行完主题发言之后，允许与会的新闻界人士在既定的时间里围绕发布会的主题进行提问，主办单位必须安排专人回答这类提问。

举行新闻发布会的有关礼仪规范应当包括新闻发布会的筹备、新闻发布会的流程、新闻发布会效果和检测三个主要方面的内容。

一、新闻发布会的筹备

礼仪小故事

A公司是一家刚起步没多久的公司，业绩也在稳步提升，看到同行 B 公司在召开一次新闻发布会以后业绩蒸蒸日上，A 公司也就有点美慕眼红了。于是，召开了内部紧急会议，商量是否也要召开一个新闻发布会。员工分为两派：一派赞成，觉得可以以此为跳板帮助公司提高业绩；另一派反对，觉得自己缺乏一定的新闻发布会基础，连对新闻发布会的基本礼仪也没几个人懂，到时候真开了，肯定会适得其反。老板觉得有问题可以随机应变，执意召开新闻发布会。结果会场可谓一团糟：记者来了无人接待，通知的新闻报社有的没来，有的来了没安排固定区域，仓促之下召开的会议，一些发言人对记者提出的问题甚至不知怎么回答。A 公司希望通过新闻发布会来提高知名度，提升业绩的计划彻底泡汤。

A 公司在没有明确新闻发布会主题和弄清楚新闻发布会的基本礼仪跟形式的情况下贸然召开，结果弄巧成拙，直接导致新闻发布会的负面影响。由此可见，新闻发布会的筹备工作很重要。主要是要做好主题的确定、材料的准备、时空的选择、人员的安排等具体工作。

（一）主题的确定

新闻发布会的组织者一定要明确主题，以便确定邀请新闻记者的范围，做到有的放矢。如果主题不明，新闻记者就不可能按照组织者预定的目的传播信息，甚至会弄巧成拙，损害组织在公众中的形象。新闻发布会一般针对对企业意义重大、媒体感兴趣的事件举办。每个新闻发布会都会有一个名字，这个名字会打在关于新闻发布会的一切表现形式上，包括请柬、会议资料、会场布置、纪念品等。在选择新闻发布会的标题时，一般需要注意以下几点。

（1）避免使用新闻发布会的字样。我国对新闻发布会是有严格申报、审批程序的，对企业而言一般把发布会的名字定义为"××信息发布会"或"××媒体沟通会"。

（2）在新闻发布会的标题中说明发布会的主旨内容。如："第 29 届全国医药经济信息发布会""中国汽车工业协会 2018 年 3 月信息发布会"。

（3）在新闻发布会的宣传材料中，需要在发布会的主标题下注明会议举办的时间、地点和主办单位。

（4）新闻发布会的标题一般采取主标题加副标题的方式。副标题说明发布会的内容，主标题表现企业想要表达的主要含义。如"低调奢华生活品位——2012 年深港澳国际顶级私人物品嘉年华新闻发布会"。

（二）时空的选择

（1）发布时间。举行新闻发布会的时间通常也是决定新闻何时播出或刊出的时间。因为多数平面媒体刊出新闻的时间是在获得信息的第二天，因此，发布会的时间以周一、周二、周三的下午为宜，会议时间保证在1小时左右，这样可以相对保证发布会的现场效果和会后见报效果。发布会尽量不要选择在早晨或晚上举行。在时间选择上，还要避开重要的政治事件、重大节日和社会事件，因为媒体对重要事件的大篇幅报道任务，会冲淡企业新闻发布会的传播效果。

（2）举办地点。一般新闻发布会会根据会议的主题来确定在何处举行。比如，一般情况下可在本单位或宾馆、大饭店举行；如希望造成全国性影响的，则可在首都或某大城市举行。会议地点确定后，应进行实地考察。此外，在会议召开前，应认真布置会场。会场布置既要与所发布新闻的性质相融洽，又要充分准备好各种新闻发布的硬件，如音响、网络、打印机、照明设备、LED屏幕等。

（三）材料的准备

认真准备好新闻发布会所需的各种资料，如会议所需的文字、图片，主持人的发言稿、发言人答记者问的备忘提纲、新闻统发稿，以及其他背景材料、照片、录音、录像等，以便开会前分发给记者，供他们提问、写新闻稿时参考。

（四）人员的安排

（1）确定主持人和发言人。举办新闻发布会，一般首先由主持人发布或介绍情况，然后由主要发言人详细发言，有的还要回答记者的提问。因此，事先确定好会议的主持人和发言人至关重要。主持人应能随机把握会场的气氛，措辞典雅而有力，风趣而不失庄重；发言人应是有一定权威的人物，要头脑机敏，口齿清楚，具有较强的口头表达能力。代表主办单位出面应对来宾的主持人、发言人，要善于沉着应变、把握全局。

（2）确定组织者与参与人员。包括服务公司、领导、客户、同行、媒体记者等，与新闻发布会承办者协调规模与价格、签订合同、拟订详细邀请名单、会议议程、时间表、发布会现场布置方案等。

（3）确定邀请嘉宾名单。按照邀请嘉宾名单分工合作发送邀请函和请柬，确保重要人员不因自身安排不周而缺席发布会。回收确认信息，制定参会详细名单，以便下一步安排。该步骤一定要计划周密，有专人负责，适当放大邀请名单，对重要人物实施公关和追踪，并预备备用方案，确保新闻发布会参与人的数量和质量。

（4）确定应邀记者的范围。应邀记者的范围主要根据公布事件、消息发生的范围和影响而定。如事件或消息只涉及某一城市，一般就请当地的新闻单位记者参加。在新闻发布会上，主办单位的交往对象自然以新闻界人士为主。在事先考虑邀请新闻界人士时，必须有所选择、有所侧重；不然的话，就难以确保新闻发布会真正取得成功。

（5）确定礼仪人员和接待人员。礼仪人员和接待人员要进行培训和预演。背板设计、会场布置，需充分考虑每一个细节，比如音响和放映设备、领导的发言稿、新闻通稿、现场的音乐选择、会议间隙时间的助兴安排、购买礼品等。

二、新闻发布会的流程

新闻发布会当天，面对众多媒体界人士，要确保能够针对任何突发状况做出及时的反应，确保发布会的顺利进行。这就要求主办单位的全体人员齐心协力、密切合作，最重要的是要求在正式发布会前提前一到两个小时检查一切准备工作是否就绪，将会议议程精确到分钟，并制定突发事件应急预案。新闻发布会程序通常为来宾签到、贵宾接待、主持人宣布发布会开始、会议按议程进行、会后聚餐交流、有特别公关需求的人员的个别活动等。

三、新闻发布会的效果和检测

新闻发布会举行完毕之后，主办单位需在一定的时间内，对其进行一次认真的评估善后工作。包括新闻界对该次发布会的反应、会议资料的保存以及相关补救措施等，要及时对发布会的效果进行评估，看是否达到了会议预定的目标。同时，也有利于公关部门总结，以便今后再次举行新闻发布会时改进和加强。

第一，大量收集到会记者在报刊或电台、电视台发表的新闻稿和录像，进行分类和分析，如有失误，要及时通知改正。

第二，整理发布会音像资料，收集会议剪报，制作发布会成果资料集（包括来宾名单、联系方式整理，发布会各媒体报道资料集，发布会总结报告等），作为企业市场部的资料保存，并可在此基础上制作相应的宣传资料。

第三，可邀请部分记者座谈，也可收集部分到会记者的反应，虚心听取他们的意见，以便今后改进。

第四节　企业年会礼仪

💬 案例导入

2017 年 9 月 8 日，阿里巴巴从近 6 万名员工中抽取了 4.4 万名员工参加 2017 年年会，其中有来自 21 个国家的 800 多名外籍员工。马云为此包了 7 列高铁和无数大巴，据说当天的杭州东站，每 4 个人里就有 1 个阿里人，直接拉动了杭州 GDP。这次在杭州举行的阿里巴巴 18 周年年会是阿里成立以来规模最大的一次员工大会，汇聚了数万名员工。面对数万"内部人"，在这一场合，马云谈及阿里巴巴的未来是和国家、社会、世界的发展与进步深度绑定的，阿里巴巴要发展壮大、要赢得尊重，就必须担当起比一般企业更多的责任。在马云眼里，阿里巴巴未来将是一个基于网络的经济体，在未来更是要成为全球第五大经济体，而对于全球第五大经济体，一般公司几乎不敢想象的未来目标，阿里巴巴则依旧要靠理想主义、家国情怀和个人担当去实现。他希望阿里巴巴能够为全世界解决 1 亿人的就业问题，能够服务 20 亿的消费者，能够为 1000 万家中小企业创造盈利的平台。马云认为，阿里巴巴过去 18 年的成功归因于对理想主义的坚持，正是坚持理想主义，才使阿里巴巴走到了今天。

企业年会是企业每年必须举办的大型活动之一，通常指的是商家通过组织各类活动，在年终前对本年度的经验和成果进行总结与庆祝，并对下一年的工作进行规划与展望。不同的企业，年会的主题和目的也是有所区别的，有的是客户答谢会，有的是员工表彰大会，有的是娱乐性演出，还有的是赛事性活动等。所以，在做年会计划之前，需要明确年会的职责任务：生产销售型企业会在年会上将各地经销商团队聚集到一起，根据销售目标实现情况进行表彰，同时给其他销售团队激励；而服务型企业则多以举办娱乐性质的年会为主，让企业团队在年终的时候得到最大限度的放松。

一、企业年会的目的

虽然不同的企业举办年会的主题和目的有所区别，但表彰总结全年的工作，并对未来的一年提出新目标、新展望，同时提高企业凝聚力的目的是相同的。因此，企业召开年会的目的主要表现在以下四个方面。

（一）展现文化

现代企业越来越注重企业文化的建设，举办年会是增进公司与员工的感情和互信的有效途径。邀请新老客户参加年会，在现场感恩新老客户，并且向客户展示公司文化，或者在年会现场让老客户做一个分享，以此来打动新客户，让新客户对公司产生一个良好的印象。

（二）肯定成绩

企业年会通常是聚集人气、奖励优秀、鼓舞士气、汇报业绩、稳定军心的大会。在过去一年的工作中，团队中肯定会有相对优秀的部门或者个人，公司希望团队内部能够向优秀的部门或个人学习，从而提升团队整体的业绩，提升员工对公司的信心。在过去一年的工作中，公司领导肯定有很多话要对全体员工讲，包括公司的愿景和一直倡导的文化，希望能通过这些提高员工对公司的信心和忠诚度。

（三）增强凝聚

年会是企业增强每一个员工凝聚力和归属感的重要措施，让每一个企业员工助力企业的腾飞和发展。通过举办一场盛大难忘的年会，不仅可以增强员工的归属感，减少员工流失，用活动来留住员工；同时可以让员工看到公司的实力，让员工兴奋地采取行动，愿意跟着公司继续干；通过展示公司的辉煌历程，让更多的员工对未来的工作充满信心，还可以通过网络视频和口碑相传，引起社会更多的关注。此外，很多大型企业在各地都有分支机构，员工彼此间也不太熟悉，通过年会节目的彩排，可以增强员工间乃至部门间的沟通，更有利于团队建设。

（四）提出目标

在年会中，公司领导在总结过去一年工作的同时，也会带领员工一起展望下一年的目标，让员工对于下一年新目标充满期待和信心，同时要做好准备。对于在过去一年的工作中，团队出现的瓶颈问题，要深挖这些问题根源，做深入的分析和研究，共同商量解决的方案。

二、企业年会的筹备

进入岁末年尾，对于公司管行政的部门来说，可能任务最艰巨的就是筹备公司年会了。筹办一个既要控制预算，又要有创意效果，还要体现领导意图和员工喜好的年会，关键在于策划。年会的组织者应率先收集各层次的信息，通过分析这些信息，制订出完善的会议计划，同时确定好每一项必须要做的事情，以满足年会的需要，并达到年会预期的目标。

（一）做好汇报

首先要征求一下领导的意见，比如年度总结、数据分析、领导致辞、年会风格等要把领导要求的环节加进去，如果领导对此没有要求，就按照自己的创意来。

领导要求的环节加进去之后，再来梳理一下年会的各个环节，这些环节可以包括游戏、抽奖、颁奖、节目表演等。要注意的是，领导致辞后，不宜加那种太过搞笑或者娱乐的环节，否则领导的年度总结、数据分析和致辞达不到预期效果。

（二）明确主题

年会的主题，是公司想要对外传递信息的核心思想。各类企业年会只有主题明确，后期活动的策划与执行才能有的放矢、井然有序，才能最终实现商家举办年会的目的。如果今年是企业发展最快的一年，那么主题可以围绕发展来定，比如"新征程·新跨越""用心前行，筑梦远航"等；如果仅仅是员工或代理商、经销商们的年终聚会，单纯地想要传递"企业与您同在，家人与您同在"和增强团队凝聚力的思想，那么主题就得温暖一点，比如"相亲相爱的一家人""感恩·奉献·分享"；如果年会想要总结过去、展望未来、激发员工的斗志，主题就要励志、富有激情，或者直接利用明年的目标作为主题。大型对外的年会，主题一定要大气，精简囊括企业或团队想要传递给大众的信息，可以是明年的品牌战略，也可以是企业重大的事件或决定等，如"融合梦想，赢在未来""新时代之年"等。

（三）力求创意

年会的主要创意点在于入场、签名、抽奖、节目以及互动游戏的设计，可以打破传统模式。在内容方面，可以选取一些趣味性高的互动游戏，抽奖可以运用当前的智能手机、网络平台等，让员工广泛参与。在奖品方面，可以选取非普通类别的物品，比如"××海岛七日游""跟老板共进晚餐""超长带薪年假""希尔顿酒店一晚加豪华自助餐"等。在奖项方面，可以设置最佳新人奖、老黄牛奖、学无止境奖、最佳设计奖等。

（四）场地选择

场地选择要充分考虑功能设施是否齐全、交通是否便利、面积是否适中等因素。功能设施齐全的会场应拥有完备的音响、灯光、投影、大屏幕等电子设备，并兼有开会、表演、宴请等综合性服务功能；交通便利的会场应满足外部空间宽敞，场地不能离市区或者上班地点太远，便于停车等条件；面积适中的场地，则要求场地既不显得拥挤，也不显得冷清等。

（五）人员分工

除了场所选择之外，工作人员的分工必须要清晰、明确。事先建立筹备小组，组织相关人员开会讨论，将相关资料和流程打印多份，然后根据各方意见分配筹备、入场、礼仪、场地把控、资料管理、服务道具、电子设备、备勤人员等工作，工作安排下去后，还需要不断地监督进度，从而确保年会前期工作的正常运行。

（六）专业协助

现在年会策划已经形成一个完整的服务产业链，专业的年会策划公司拥有创意策划、演艺、场地、餐饮、后期视频制作等完备的一条龙年会资源，并且可以邀请到各线的明星和主持人。如果举办方预算充足，可以考虑邀请专业公司协助筹备。

（七）邀请大咖

公司年会如果邀请了行业大咖，对本行业发展趋势进行分析、对实战经验进行分享，然后从一位行业专家的视角论证公司品牌是长线品牌，产品具有技术壁垒和核心竞争力。这样，公司会更让客户信服，会让员工对自己公司的前景更有信心。

（八）邀请媒体

"酒香也怕巷子深"，做得好更要宣传得好。高规格的年会自然会引发媒体圈争相报道、自发传播，不仅要邀请行业自媒体，还要有权威媒体、主流媒体的宣传阵势。有大咖出席、明星助阵的高规格年会不仅能在行业内帮企业打响知名度，还能在全社会各行各业都形成影响力，这就是打传播组合拳的魅力和威力。

（九）做好预算

制定可行的年会预算，然后按照既定预算安排有关工作，才能确保年会各项工作顺利、有序地进行。通常，年会预算应包括以下几个方面。

1. 交通费用

可以细分为：出发地至会务地的交通费用，包括航班、铁路、公路、客轮以及目的地车站、机场、码头至住宿地的交通费用；会议期间交通费用，主要是会务地交通费用，包括住宿地至会所的交通费用、会所到餐饮地点的交通费用、会所到商务交际场地的交通费用、商务考察交通费用，以及其他与会人员可能使用的预定交通费用；欢送交通费用及返程交通费用，包括航班、铁路、公路、客轮及住宿地至机场、车站、港口的交通费用。

2. 会议厅租借费用

会议厅租借费用具体可细分为以下三项。

（1）会议场地租金。通常，场地的租赁已经包含某些常用设施，比如音响系统、桌椅、主席台、白板或者黑板等。

（2）会议设施租赁费。此部分费用主要用于租赁特殊设备，如投影仪、笔记本电脑、移动式同声翻译系统、会场展示系统、多媒体系统、摄录设备等，租赁时通常需要支付一定的使用保证金，租赁费用包括设备的技术支持与维护费用。值得注意的是，在租赁时应对设备的各类功效参数做出具体要求，否则可能影响会议的进行。另外，这些会议设施由于品牌、产地及新旧不同，租赁的价格可能相差很大。

（3）会场布置费用。如果没有特殊要求，通常会场租赁费用包含了会场布置费用。如果有特殊要求，比如年会会场的鲜花布置和会场茶歇费用是需要另外计费的。会议室鲜花布置以低矮、匍匐形、宜四面观赏的西方式鲜花为主，在沙发转角处或靠墙处的茶几上也可用东方式鲜花。无论哪种鲜花形式，一是花要新鲜、艳丽、盛开；二是花无异味或浓香；三是花的高度切忌遮挡与会者发言或交谈的视线。鲜花的规格依会议的级别而定。会场茶歇费用基本上是按人数预算的，预算时可提出不同茶歇时段的食物、饮料组合。通常情况下，茶歇的种类可分为西式与中式两种。西式基本上以咖啡、红茶、西式点心、水果等为主，中式则以白开水、绿茶或者花茶、水果及点心为主。

3. 其他费用

这些通常包括广告及印刷、礼仪、秘书服务、运输与仓储、娱乐保健、媒介、公共关系等。如果会议主办方分别寻找这些行业支持的话，其成本费用可能比市场行价要高，如果让专业会议服务商代理，将获得价格相对低廉且服务专业的支持。

4. 住宿费用

对于会议而言，住宿费可能是主要的开支之一。正常的住宿费除与酒店星级标准、房型等因素有关外，还与客房内开放的服务项目有关，比如客房内的长途通话、洗换、迷你吧酒水、一次性换洗衣物、水果等。为节约开支，会议主办方通常会通知酒店撤销额外的收费项目。

5. 餐饮费用

会议的餐饮费用可以很简单，也可以很复杂，这取决于会议议程需要及会议目的。早餐通常是自助餐，也可以采取围桌式就餐，费用按人数计算即可。午餐及晚餐基本属于正餐，可以依据参与人数拟定就餐形式，既可选择自助餐形式，也可采用传统的圆桌形式就餐。

6. 联谊酒会或舞会费用

事实上，联谊酒会或者舞会的预算可能会比单独的宴会复杂。宴会只要设定好用餐标准与规模，费用很容易计算，但酒会或者舞会的预算还涉及场地与节目支持、演员及节目等费用。

7. 视听设备费用

除非会展在室外进行，否则视听设备的费用通常可以忽略。如果为了公共关系效果而不得不在室外进行，视听设备的预算就比较复杂，包括：设备本身的租赁费用，通常按天计算；设备的运输、安装调试及提供技术支持的费用，可让会展服务商代理；音源，主要是背景音乐及娱乐音乐的选择，主办者可自带，也可委托代理。

8. 其他杂费

是指会展过程中一些临时性安排产生的费用，包括打印、临时运输及装卸、纪念品、模特与礼仪服务、临时道具、传真及其他通信、快递服务、临时保健、翻译与向导、临时商务用车、汇兑等。杂费的预算很难计划，通常可以在会务费用预算中增列不可预见费用作为机动处理。

三、年会进行流程

（1）参会人员入场；

（2）主持人宣布年会开始；

（3）总裁、董事长讲话；

（4）表彰；

（5）优秀员工发言；

（6）联欢会节目表演；

（7）互动小游戏；

（8）闭幕词。

四、参加年会的礼仪

（一）参加年会的着装要求

一般情况下，公司年会可分为两种形式：一种是单纯的会议形式，另一种是会议＋晚会的形式。如果公司年会是单纯的会议形式，那么应尽量挑选正装，切忌穿得花枝招展；如果没有正装的话，服装也要选择稍微正式一点的，切忌穿得五颜六色。如果年会选择"会议＋晚会"的形式，那么一般都需要参与者准备两套服装，一套是参加会议的时候穿的，而另外一套则是参加晚会的时候穿的。如果参与者参加节目表演的话，还需要针对节目准备服装。最好根据年会的主题来选择服装，在筹备年会的时候策划人都会告知员工今年年会的主题是什么，这样也方便员工围绕着这个主题来准备相关事宜，所以也可以根据年会的主题来挑选服装，比如复古风、游戏主题、运动主题、晚会模式等。

1. 女士年会着装

一般的公司年会，如果不清楚主题或者年会没有主题，女士可以选择穿小礼服。小礼服颜色一般不要过浓过艳，也不要过于暴露，要搭配得体的妆容和鞋子。

礼服挑选的技巧如下。

出席年会会议服装　　　　　　　出席年会晚会服装

（1）以纯色系为主。不要穿着五颜六色的礼服，除非是节目的需要。

（2）以舒适为主。不要选择对身材要求很高的紧身服饰。

（3）配饰巧搭配。比如，包包、耳环、手表、项链、鞋子等，这些配饰都能够提升女士的品味，但是要注意搭配得当。

纯色系礼服

相对来说，女士穿礼服的款式可选择长的、短的，有袖的、无袖的，露肩的、露背的。礼服的颜色可选择红色的、白色的、紫色的、粉色的。

如果属于身材矮小的那一类，可以选择高跟鞋＋短礼服的搭配方式，既可以拉长身高，还可以凸显自身特点。

如果有点儿微胖，可以选择低胸或者一字肩的长裙，既可以拉长颈部曲线和展现胸部线条，长裙还可以修饰人的身体线条，起到拉长腿部、修饰腰身的效果。

如果肤色属于古铜色或者偏黑的话，尽量不要去选那些颜色比较深的礼服，例如土黄色、姜黄色以及玫瑰红色等，可以穿一些淡色系或者灰色系的礼服。

中式短袖短礼服

中式短袖长礼服

如果礼服不经常穿的话，建议购买经典款式的礼服，可以去买一些相对来说较为正式的服饰，如一些日常可以穿的半裙、无袖裙子或 OL 风格的衣服。

2. 男士年会着装

男士可选择正装或者休闲西装。大多数男士在年会上一般穿的都是西服正装，再选择搭配一双黑色的牛津鞋。如果是休闲西装，可以搭配棕色的牛津鞋。

（二）参加年会的行为要求

在年会上如果想要让人觉得你既有内涵气质，又彬彬有礼，需要注意以下几点。

1. 尽量不带孩子出席

公司年会有很多领导及嘉宾参加，如果领导在主席台上致辞时，哪位员工的孩子尤其是两三岁的孩子突然在现场哭闹，难免会破坏现场气氛，还会给其他同事和领导留下不佳的印象。

2. 服从安排积极配合

职场人士在参加公司年会时，除了在工作上要服从领导和组织的安排外，在行为规范方面也需要有组织性和纪律性，切不可毫无组织纪律性、随意乱坐、瞎起哄等。

3. 尽量不要迟到和早退

迟到和早退会给领导和同事留下不好的印象，对你以后的发展没有好处，在某种程度上还会使所在部门失分，所以尽量不要迟到和早退，如果确实有事要迟到或提前离开，一定要和相关领导说一声。

4. 保持会场安静

开会的时候要保持安静，不要东张西望、交头接耳，桌面上要有笔和本子，做好笔记。如果有互动的环节要积极参与，多鼓掌。

5. 了解餐桌礼仪

到吃饭环节，首先一定要让领导先入座，然后才能入座，朝门的方向一般是主位，应该让给领导或者职位比自己高，或者资历比自己老的同事入座。敬酒时机选择在领导讲完话，宴会进行到中后期开始最好。敬领导酒一定不能一起敬，要一个一个敬，按照职位从高到低的顺序。当然如果一桌都是比你职位低的同事，你可以一起敬酒。在酒席当中，不管领导是否认识你，你都可以向领导敬酒，向领导表示衷心的感谢，同时介绍一下自己。员工在敬酒时，要挺直上身，先跟领导点头示礼，让对方先饮，再双手举起酒杯对饮。饮酒要适度，切忌不要喝得酩酊大醉。

📑 延伸阅读

[1] 明晓辉,王伟,石虹. 职场礼仪[M]. 北京:北京理工大学出版社,2015.

[2] 周国宝,王莉莎,赵娜. 现代国际礼仪:英文版[M]. 北京:北京师范大学出版社, 2014.

［3］　徐辉.现代商务礼仪［M］.北京:清华大学出版社,2014.

［4］　郭学贤.现代礼仪［M］.北京:北京大学出版社,2013.

［5］　吴蕴慧.现代礼仪实训［M］.镇江:江苏大学出版社,2013.

📺 视频链接

国家精品在线开放课程（慕课）"现代礼仪"第三章。http://www.icourse163.org/course/HNU－20005。

第 五 章

商务宴请礼仪

　　宴会是一种常见的社交活动，从事商务活动，必然要参加各种宴会或聚餐，不同地方、不同形式的宴会都会有不同的礼仪规范。国际上通用的宴请形式有宴会、招待会、茶会、工作进餐等。举办宴请活动采用何种形式，通常根据活动目的、邀请对象以及经费开支等各种因素而定。越是正式高级的宴会，礼仪规范越是严格。本章的宴请礼仪主要包括商务赴宴礼仪、中餐礼仪、西餐礼仪、自助餐礼仪、饮茶礼仪。

第一节　商务赴宴礼仪

💬 案例导入

　　蔡先生是某建筑公司的董事长。一天，他接到政府的请帖，邀请他参加市里面的创业孵化基地成立的庆功酒会。当天，蔡先生急急忙忙地从工地上赶去参加酒会，满身灰尘也没来得及收拾。本来市领导还打算让蔡先生在酒会现场分享自己的创业经验，给孵化基地新入驻的创业者提供一些经验，但考虑到蔡先生当时的形象欠佳，只能作罢。

　　俗话说：人靠衣装马靠鞍，形象是一个人的招牌，特别是在参加大型宴会时，更需要注意自己的着装，并提前规划好时间，避免匆匆忙忙，影响自己的形象。

一、应邀礼仪

　　（1）认真对待邀请。在接到邀请后，应高度重视，对于书面或电话形式的邀请，应当及时妥善地处理，清楚赴宴的时间、地点等重要信息，明确能否赴宴。

　　（2）准确回复邀请。无论邀请者是否提出需要回复的请求，无论是应邀还是婉拒，都应该向对方及时作出明确、合"礼"的回复。切不可对邀请置之不理或者迟迟不予回复。

　　（3）积极准备赴宴。在确定接受邀请后，应当积极做好赴宴的准备。根据赴宴的时间、地点、目的，以及邀请者的请求或规定，充分做好相应的准备。

二、赴宴礼仪

　　（1）适度修饰。赴宴前，应注意仪表整洁，穿戴大方。男士应当剃净胡须，女士可适当化妆，切忌穿工作服、满脸倦容或一身灰尘。

　　（2）按时赴宴。根据宴会规定的时间，正点或者提前3~5分钟到达，既不要太早也不要太晚到达。如果跟邀请人关系密切，还可以提前到达帮助招待来宾，或者做些准备工作。

　　（3）精心备礼。根据宴会的性质、习惯以及与邀请人的关系等因素，精心准备好礼物，在宴会开始前，送给主人或主办方。

（4）热情交际。到达宴会场所后，应当首先与主人或主办方打招呼，示意已经到达，然后热情地与其他宾客进行适当的交流。

（5）礼貌入座。根据宴会的规定或者安排，提前找到自己的座位，在主人或者主宾入座后，与大家一同就座。要避免提前入座或者争抢座位等情况。

（6）礼貌就餐。如在宴会开始前，有致辞环节，应当认真倾听，切不可立即就餐。应当待致辞完毕或者祝酒完毕后，与大家共同开始用餐。

第二节　中餐礼仪

案例导入

李靖陪同领导一起接待客户，到达餐厅后，直接引导客户进入雅间，大家分别入座后，李靖觉得领导陪客户聊天很愉快，自己也插不上话，就坐在餐桌旁，自顾自地打开餐具，招呼服务员倒茶。这时领导招呼她："来吧，小李，一起坐下聊天。"李靖却说："不用啦，我也不懂，还是你们聊吧。"李靖丝毫没有发现领导的脸色颇为不悦。等了一会儿，凉菜上齐了，领导招呼大家入席，李靖这才发现了问题，她刚才坐过的那个位置是主宾席，可是茶具都被她用过了，好不尴尬，她连忙招呼服务员换餐具。

一般大家到达餐厅后，要在沙发休息区小坐聊天，等待宾客到齐后，入席，因此，无论如何，不要在主陪和主宾没有入席时自顾自地坐在餐桌旁，因为这时尚未安排座次，贸然入席颇为不妥。

"夫礼之初，始诸饮食。"中国是礼仪之邦，而礼仪的发端却是从饮食起始的。饮食活动中的行为规范则是礼制的发端，是儒家文化的核心思想——"礼"——的本源。从《周礼》中可以看出，礼仪的推行是在王室中建立专门的膳食机构，通过森严的等级、烦琐的礼仪来规范王室的饮食、祭祀、宴会等与吃紧密联系的一系列活动。餐桌上的举止是对一个人礼仪和修养的最好考验。你的事业既可能会在餐桌上发展起来，也有可能在餐桌上毁掉。对于很多对此并不敏感的人来说，应该时刻提醒自己，现在的宴饮，很少为了吃而吃，餐桌是沟通情感、搭建事业的桥梁，如果平时不注重在餐桌上的礼仪和举动，或者缺乏餐桌上的用餐常识，到时就会感到紧张和压力感，举止笨拙就可能会显出自己的"本性"。因为在餐桌上你永远不会简单地代表个人，小到代表家庭的教育修养，大到代表企业的品质与形象。所以，小圆桌上展现的大天地，不可小觑。

一、中餐菜肴特点

（一）中国八大菜系的代表菜

中餐（Chinese food），即指中国风味的餐食菜肴。其中有川菜、鲁菜、粤菜、苏菜、浙菜、闽菜、徽菜、湘菜"八大菜系"。除"八大菜系"外，还有一些在中国较有影响的菜系，如北京菜、上海菜、湖北菜、清真菜、素菜等菜系。

（1）川菜：以四川成都为正宗，由高级筵席、一般筵席、大众便饭、家常风味小吃四个方面组成整个菜系。代表菜有：怪味鸡、宫保鸡丁、鱼香肉丝、干烧鱼翅、水煮牛肉、麻婆豆腐等。

（2）鲁菜：鲁菜是由济南和胶东菜发展起来的。代表菜有：奶汤鸡脯、德州扒鸡、九转大肠、清汤燕窝、红烧海螺、炸蛎黄、葱爆羊肉、锅烧肘子等。

（3）粤菜：粤菜由广州菜、潮州菜、东江菜组成。代表菜有：龙虎斗、片皮乳猪、冬瓜盅、蚝油牛肉、东江盐焗鸡、梅菜扣肉、东江春卷等。

（4）苏菜：苏菜由扬州、苏州、南京三处地方菜发展而成。代表菜有：松鼠桂鱼、水晶肴蹄、盐水鸭、油鸡、煮干丝、荷包鲫鱼等。

（5）浙菜：浙菜集杭州、宁波和绍兴菜之大成。代表菜有：西湖醋鱼、龙井虾仁、东坡肉、干炸响铃、生爆鳝片、叫花鸡、兰花春笋等。

（6）闽菜：以福州菜和厦门菜为主要代表。代表菜有：桂烧巴、烧片糟鸭、太极明虾、佛跳墙、清汤广肚、菊花鱿鱼球等。

（7）徽菜：徽菜由徽州、沿江、沿淮三种地方菜构成。代表菜有：红烧果子狸、火腿炖甲鱼、符离鸡、清蒸花菇等。

（8）湘菜：湘菜由湘江流域、洞庭湖地区和湘西山区三种地方风味菜组成。以长沙菜为代表。代表菜有：双味鱼头、东安鸡、永州血鸭、腊味合蒸、宁乡口味蛇等。

（二）中国地方菜的风味特点

1. 北京菜

（1）由宫廷风味、清真风味、山东风味构成。

（2）特点：选择广泛，刀法精细，烹调讲究，造型美观，突出主料，重视色、香、味，但菜的花色品种少。调味以咸、酸、甜、辣、糟五香等多见。烹调擅长烤、爆、炸、熘、炒，兼用烧、烩等方法。

（3）代表菜有：北京烤鸭、涮羊肉、锅塌豆腐、酱爆鸡丁、醋椒鱼、拔丝苹果等。

2. 上海菜

（1）特点：汤卤醇厚、浓油赤酱、咸淡适口、保持原味。擅长红烧、生煸、煨、糟、炸、蒸等。

（2）代表菜有：椒盐蹄膀、五味鸡腿、双味桂鱼、虾子大乌参等。

3. 湖北菜

（1）由武汉、荆州、黄州等地方菜发展而成，以武汉为代表。

（2）特点：注重刀工、善于变化、强调配色、讲究造型、汁浓口重、味道偏咸、富民间色彩。

（3）代表菜有：清蒸武昌鱼、黄焖甲鱼、粉蒸肉、桂花蜜汁板栗等。

4. 清真菜

（1）也称回民菜，选料除鸡鸭外，北方以羊肉为主，南方以牛肉为主。

（2）忌用野鸭、山鸡、熊掌等，忌用无鳞或无鳃的鱼、带壳的软体动物及蟹。

（3）特点：选料严谨，清鲜脆嫩，酥烂香浓，以烹制羊肉最为擅长，能制成"全羊席"，以炒、熘、爆、涮著称。

（4）代表菜有：涮羊肉、烩口蘑羊眼、锅烧填鸭、炸羊肝、排叉等。

5. 素菜

（1）特点：忌用动物性油和原料，忌用韭菜、葱、蒜等植物原料，以荤菜名字命名，并做到惟妙惟肖。采用炒、扒、炸、爆、炖、熘等方法。

（2）代表菜有：酿扒竹笋、罗汉斋、炸毛蟹、八宝鸡、油爆虾、鳝丝、鳝背等。

二、中餐的上菜

（一）上菜顺序

正规的中餐在礼仪上也是很讲究上菜顺序的。无论是点菜还是上菜，都严格地按照分类和顺序。一般应按照先冷后热、先清淡后浓味、先名贵后一般、先咸后甜、先零后整、先干后汤、先菜后点心的顺序进行。

1. 开胃菜

通常是四种冷盘组成的大拼盘。有时种类可多达十种。最具代表性的是卤菜拼盘、醋泡木耳、凉拌海蜇皮、皮蛋等。

2. 主菜

主菜接在开胃菜之后，又称为大件、大菜，多于适当时机上桌。如菜单上注明有"八大件"，表示共有八道主菜。

主菜的道数通常是四、六、八等的偶数，因为中国人认为偶数是吉数。在豪华的餐宴上，主菜有时多达十六或三十二道，但普通的餐宴是六道至十二道。

这些菜肴是使用不同的材料，配合酸、甜、苦、辣、咸五味，以炸、蒸、煮、煎、烤、炒等各种烹调法搭配而成。其出菜顺序多以口味清淡和浓腻交互搭配，或干烧、汤类交互搭配为原则。最后通常以汤作为结束。

3. 点心

点心指主菜结束后所供应的面点，如馅饼、蛋糕、包子、韭菜盒子等。最后则是水果。

（二）上菜位置

菜盘的摆放一般规则：尊重主宾、注意礼貌礼节、方便食用、讲究造型、协调摆放和用餐规范。按照数量与形状的要求一般为一中、二平、三角、四方、五梅花、六正六边形等，让桌面的菜盘位置始终形成一个美丽的图案。

三、中餐宴会的席位礼仪

古人云："民以食为天"，而在"食"中又以"坐"为先，无论是便宴还是家宴，最讲究的就是安排席位，因此要事先安排好桌次和座次，以方便参加宴会的人都能各就各位，体现出对客人的尊重。

1. 中餐桌次安排礼仪

通常在中餐宴请活动中，往往采用圆桌。在不同位置摆放的圆桌有尊卑的区别，桌次地位的高低以距主桌位置的远近而定。以主人的桌为基准，右高、左低，近高、远低。

礼仪小贴士

主桌是你的方向标

入座前，你首先要迅速辨别出哪张桌子是主桌，然后由邀请方引导你入座。通常中餐的餐桌摆放分为两种情况。

（1）由两桌组成的小型宴请。在这种情况下，通常是两桌横排或两桌竖排的形式。当两桌横排时，面对正门右边的桌子是主桌；当两桌竖排时，距离正门最远的那张桌子为主桌。

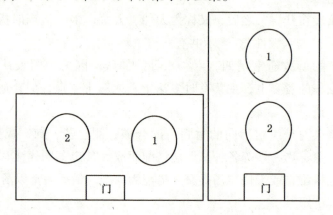

1号为主桌

（2）由三桌或三桌以上的桌数所组成的宴请。在安排多桌宴请的桌次时，除了要注意上面提到的"面门定位""以右为尊""以远为上"等规则外，还应兼顾其他各桌距离主桌的远近。通常，距离主桌越近，桌次越高；距离主桌越远，桌次越低。

有的餐厅设计的主桌会比其他餐桌大一些，这样便于让宾客分辨哪张是主桌。

2. 中餐位次安排礼仪

就座次的高低而言，主要考虑以下几点：首先，以主人的座位为中心，如果女主人参加时，则以主人和女主人为基准，近高远低，右上左下，依次排列。其次，通常要把主宾安排在最尊贵的位置，即主人的右手位置，主宾夫人安排在女主人的右手位置。再次，主人方面的陪客要尽可能与客人相互交叉，便于交谈交流，避免自己人坐在一起，冷落客人。如果碰上外宾，翻译一般都安排在主宾右侧。家宴的席次相对简单，主人与女主人一般相对或者交叉而坐，主人一般背对厅壁。

四、中餐餐具使用礼仪

吃饭时一定要把饭碗端在手里，不能摆在桌上吃。拿筷子的手不能指着人，不然被指到的人会以为你在针对他。

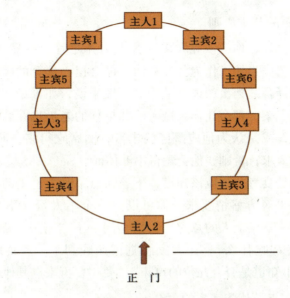

中餐位次安排图

夹菜时，筷子上不能带有饭菜的渣渣，这是不讲卫生的表现。

如果先吃完，最好把饭碗放到洗碗的地方，不要摆在桌上，特别是有客人的时候。因为客人会因为你的停碗，不好意思继续吃下去。

不吃的菜就不要夹，夹菜要避免用筷子在菜碗里翻来拣去。

尽量等人到齐了再吃，不是为了一起吃热闹，而是为了别人不吃被你筷子搅了个遍的东西。

不要把自己喜欢吃的菜摆在自己面前拼命吃。

给客人添饭时不要刮响锅底，因为那是饭不够吃的表现。

桌子大的时候，一个菜最好分成两盘，尽量不去夹离自己很远的菜。

饭前饭后都不可以把筷子插在碗里，这是叫老人（祭祖宗）的摆法。

吃饭时双手要扶碗，不能一只手在桌下，也不能将两手肘放桌子上撑着。

一次夹菜的量尽量是一两口就能吃完，在饭碗里堆菜是和别人抢食的行为。

不要用炒菜的锅铲舀饭，它会把饭弄花。

吃饭时不要问任何人没尝过的菜好不好吃，尽量自己去品尝。

五、点菜礼仪

点菜是一件复杂的工作，既要投其所好，又要了解清楚客人是否有饮食禁忌、是否有宗教禁忌、是否有健康禁忌、是否有饮食偏好等。

（一）点菜的基本原则

如果时间允许，你应该等大多数客人到齐之后，将菜单供客人传阅，并请他们来点菜。当然，作为公务宴请，你会担心预算的问题，因此，要控制预算，选择合适档次的请客地点。一般来说，如果是你来买单，客人也不太好意思点菜，都会让你来做主。如果你的老板也在酒席上，千万不要因为尊重他，或是认为他应酬经验丰富，酒席吃得多，而让他来点菜，除非是他主动要求；否则，他会觉得不够体面。

如果您是赴宴者，你应该知道，不该在点菜时太过主动，而是要让主人来点菜。如果对方盛情要求，你可以点一个不太贵又不是大家忌口的菜。记得征询一下桌上人的意见，特别是问一下"有没有哪些是不吃的"或是"比较喜欢吃什么"，让大家感觉被照顾到了。点菜后，可以请示"我点了菜，不知道是否合几位的口味""要不要再来点其他的什么"等。

（二）中餐点菜优先考虑的菜肴

1. 有中餐特色的菜肴

在宴请外宾的时候，像炸春卷、煮元宵、蒸饺、狮子头、宫爆鸡丁等，虽然不是佳肴美味，但是因为具有鲜明的中国特色，所以受到很多外国人的推崇。

2. 有本地特色的菜肴

宴请外地客人时，上西安的羊肉泡馍、湖南的毛家红烧肉、上海的红烧狮子头、北京的涮羊肉这些特色菜，恐怕要比千篇一律的生猛海鲜更受好评。

3. 本餐馆的特色菜

很多餐馆都有自己的特色菜，上一份餐馆的特色菜，能说明主人的细心和对客人的尊重。

同时，在安排菜单时，还必须考虑来宾的饮食禁忌，特别是要对主宾的饮食禁忌高度重视。

礼仪小贴士

中餐点菜的四条禁忌

1. 宗教禁忌

例如，穆斯林通常不吃猪肉，并且不喝酒。国内的佛教徒少吃荤腥食品，它不仅指的是肉食，而且包括葱、蒜、韭菜、芥末等气味刺鼻的食物。一些信奉观音的佛教徒在饮食中尤其禁吃牛肉，在招待港澳台及海外同胞时，尤其要注意这一点。

2. 健康禁忌

比如，心脏病、脑血管病、动脉硬化、高血压和中风后遗症的人，不适合吃狗肉；肝炎患者忌吃羊肉和甲鱼；有胃肠炎、胃溃疡等消化系统疾病的人，也不适合吃甲鱼；高血压、高胆固醇患者，要少喝鸡汤等。

3. 习惯禁忌

对于这一点，在安排菜单时，要兼顾。比如，湖南人普遍喜欢吃辛辣食物，少吃甜食。英美国家的人通常不吃宠物、稀有动物、动物内脏、动物的头部和脚爪。另外，宴请外宾时，尽量少点生硬需啃食的菜肴，外国人在用餐中不太会将吃到嘴中的食物再吐出来，这也需要顾及。

4. 职业禁忌

例如，国家公务员在执行公务时不准吃请，在公务宴请时不准大吃大喝，不准超过国家规定的标准用餐，不准喝烈性酒。再如，驾驶员工作期间不得喝酒。要是忽略了这一点，还有可能使对方犯错误。

六、敬酒礼仪

敬酒可以随时在饮酒的过程中进行。一般情况下，敬酒应以年龄大小、职位高低、宾主身份为先后顺序。即使和不熟悉的人在一起喝酒，也要先打听一下对方的身份或是留意别人对他的称呼，避免出现尴尬或伤感情的情况。既使你有求于席上的某位客人，对他自然要倍加恭敬，但如果在场有身份更高或年长的人，也要先给尊长者敬酒，不然会使大家难为情。

致正式的祝酒词，就应在特定的时间进行，不能因此影响来宾的用餐。祝酒词适合在宾主入座后、用餐前开始。也可以在吃过主菜后、甜品上桌前进行。

在饮酒特别是祝酒、敬酒时进行干杯，需要有人率先提议，可以是主人、主宾，也可以是在场的人。提议干杯时，应起身站立，右手端起酒杯，或者用右手拿起酒杯后，再以左手托杯底，面带微笑，目视其他人特别是自己的祝酒对象，嘴里同时说着祝福的话。

有人提议干杯后，要手拿酒杯起身站立。即使是滴酒不沾，也要拿起杯子做做样子。将酒杯举到眼睛高度，说完"干杯"后，将酒一饮而尽或喝适量。然后，还要手拿酒杯与提议者对视一下，这个过程就算结束。

在中餐里，干杯前，可以象征性地和对方碰一下酒杯；碰杯的时候，应该让自己的酒杯低于对方的酒杯，表示对对方的尊敬。用酒杯杯底轻碰桌面，也可以表示和对方碰杯。当你离对方比较远时，完全可以用这种方式代劳。如果主人亲自敬酒干杯后，要求回敬主人，和他再干一杯。

自己的酒杯低于对方的酒杯，以表示尊敬

如果因为生活习惯或健康等原因不适合饮酒，也可以委托亲友、部下、晚辈代喝，或者以饮料、茶水代替。作为敬酒人，应充分体谅对方，在对方请人代酒或用饮料代替时，不要非让对方喝酒不可，也不应该好奇地"打破砂锅问到底"。

此外，在宴请的交谈中，不想客户因你的话而如临大敌，就要规避说"粗话、脏话、黑话、气话"等"四话"，在言谈时，做到有分寸、有礼貌、有教养、有学识，才能赢得客户的好感，也才能为生意赢得更多的机遇。

第三节　西餐礼仪

💬 案例导入

李小姐为了接待一位从国外来的客户，邀请客户到一家西餐厅就餐。李小姐第一次吃西餐，点了一份牛排，拿起刀叉，在切肉时，不知道如何使用刀叉，盘子和刀碰撞，发出刺耳的声音，肉切了很大一块，塞得满嘴都是，并将残渣随便地吐在洁白的台布上；吃饭途中，她随意将刀叉并排放在餐盘上，并把餐巾放在餐桌上，去了一趟洗手间，回来之后发现自己的食物已被端走，餐桌已被收拾干净，服务员拿着账单请她结账。她非常生气，与服务员理论起来。客户对李小姐的表现大失所望，当场拂袖而去，接下来的几天时间里也不再让李小姐负责接待工作了。李小姐因此觉得非常愧疚，开始努力学习西餐礼仪。

一、西餐菜肴特点

西餐自明末清初由欧洲传教士引入中国，在清末民初开始流行，因由西方国家引入，所以被称为"番菜"。实际上，西餐是指欧洲国家和地区，以及由这些国家和地区为主要移民的美洲和大洋洲的广大区域代表的餐饮及文化，大致分为欧美菜系和俄式菜系，其中欧美菜系主要包括法、意、英、美、德以及地中海菜系。西餐的主要特点是选料精细、调味讲究、营养全面、搭配丰富，但各种菜系之间又存在诸多差异。众所皆知，快餐已成为人们生活中必不可少的一部分，而在西餐中，西式快餐也是西餐菜肴的重要组成部分之一。

（一）西式快餐——三明治

三明治又译三文治，是把面包切成两份后，在中间放置肉、奶酪等食物，加上调味料、调味汁任意搭配在一起来吃。面包经常轻微地涂上黄油来提高三明治的味道。三明治品种很多，在美国，其他用面包作皮的食品也被当成三明治。现在有些三明治太过笨重，以至不能用一只手拿着，违反了发明三明治这种吃法最初的目的，这种三明治必须用刀子和叉子或至少用两只手来吃，甚至在一些国家，人们认为使用刀叉才能吃三明治。

（二）西餐之首——法式菜肴

法式菜肴的特点是：选料广泛，加工精细，烹调考究，滋味丰富。法式菜肴重视调味，调味品种类多样。如清汤配葡萄酒、海味配白兰地、火鸡配香槟、水果和甜点配甜酒或白兰地等。法国人爱吃冷盘，喜食沙丁鱼、火腿、奶酪以及各类禽的肝酱，配料爱用大蒜头，喜欢清汤及酥面点心、蒸点心。他们还特别爱吃新鲜水果和新鲜奶酪。法式菜还讲究生吃，如生吃蚝、牛肉，羊腿只需七八成熟。重视蔬菜，每道法式菜都必须配上蔬菜。但是他们不喜欢吃肥肉、宠物以及肝脏之外的动物内脏、无鳞鱼和带刺骨的鱼。

法国菜之所以享有盛名，还在于它有许多客前烹制表演，厨师们会在顾客面前表演烹制青椒牛扒等。主要的法式名菜、名点有马赛鱼羹、巴黎龙虾、法式蜗牛、红酒山鸡、奶油千层酥等。

（三）西餐之祖——意式菜肴

意式菜肴的特点是：味道浓郁，且注重原汁原味，尤其是对面条、通心粉等面食的烹饪更为出色。意大利人喜欢吃面食，还喜欢吃意式馄饨、意式饺子等，把各种面条、通心粉、饺子、面疙瘩作为佳肴。意大利菜的烹饪方式变化多端，出品多样，这也是为人所折服的。就拿最常见的面粉来说，一个面团在出色的意大利厨师手中就能做成上千种面点，长、短、粗、细、空心、圆形、扇形、弯曲等各种形状都有，烹制方法也五花八门，而且滋味各异。如果要作点比较，不同地域间使用的搭配材料差异很大，口味也大相径庭。

意大利的番茄酱、腌腊、奶酪等制品在美食界都比较有名。主要的名菜、名点有通心粉素菜汤、铁扒干贝、焗馄饨、奶酪焗通心粉、比萨饼等。

（四）西餐之简——英式菜肴

英式菜肴的特点是：烹调注重鲜嫩少油，口味清淡，菜量讲究少而精。调味更加倾向于食客自由选择搭配。简单而有效地使用优质原料，并且尽可能保持其原有的质地和风味，是英式菜的一大重要特色。英式菜的烹调对原料的取舍不多，一般用单一的原料制作，要求厨师不加配料，要保持菜式的原汁原味。常备佐料有醋、生菜油、芥末、番茄沙司、辣椒油、盐、胡椒粉，烹调的方法多用烧、烤、熏、煮、蒸、烙。

英式菜有"家庭美肴"之称，英式烹饪法根植于家常菜肴，因此只有原料是家生、家养、家制时，菜肴才能达到满意的效果。主要名菜、名点有薯烩烂肉、烤羊鞍、野味派、冬至布丁、牛扒腰子布丁等。

（五）西餐之快——美式菜肴

美式菜的特点是：咸里带甜，清淡少辣，烹调方法与英式菜肴大致相似，更加偏爱营养快捷。它长久以来都处于变化和发展之中，传统意义上的美式食品包括了几乎所有的欧式主食，而近年来欧亚移民更为美式食品加入了丰富的变化与风味，尤其是对平衡、天然的崇尚，更让现在的美国食品从选材、配料到烹饪都朝着健康的方向演变。因为大部分美国人都是英国移民的后裔，所以美式菜也可以说是以英式菜为基础发展而来的，并且继承了英式菜简单而清淡的特点，口味也是咸中带点甜。但随着生活方式的改变，美国菜也有了自己的特色，就是讲究营养配搭和方便快捷的原则。

美式菜以欧洲菜为始宗，但欧洲移民在美国两百多年已发展出自己的枝叶，且美式菜的派系不外乎受到移民聚集、地理位置、历史等因素影响。美国人一般对辣味菜不感兴趣，常将水果烧在菜里作为配料，如菠萝焗火腿、苹果烤鸭、紫葡萄烧野味等，点心和色拉也大多用水果作原料，早餐普遍爱喝各种果汁。主要名菜、名点有丁香火腿、美式火鸡、苹果色拉、糖油煎饼带熏咸肉或火腿等。

（六）西餐之浓——俄式菜

俄式菜的特点是：偏重油、重味，口味以酸、甜、辣、咸为主，烹饪方法较简单，偏爱腌制肉类、面食。作为一个地跨欧亚大陆、世界上领土面积最大的国家，虽然俄罗斯在亚洲的领土非常辽阔，但由于其绝大部分居民居住在欧洲部分，因而其饮食文化更多地受了欧洲大陆的影响，呈现出欧洲大陆饮食文化的基本特征，但由于特殊的地理环境、人文环境以及独特的历史发展进程，也造就了独具特色的俄罗斯饮食文化。肉类、家禽及各式各样的肉饼菜均烧得很熟才吃，口味一般喜欢酸、辣、甜、咸，喜欢用碎肉末、鸡蛋和蔬菜制成发面包子。咸鱼和熏鱼大多是生吃，调味喜欢用酸奶油。主要的名菜、名点有串烧山鸡、什锦冷盘、鲭鱼饺子、酸黄瓜汤、冷苹果汤、鱼肉包子、白塔鸡卷、果酱酸奶油等。

俄式冷菜特别讲究拼摆艺术，讲究美味与美器的配合，如柠檬青菜放在淡紫色盘中，皮衣鲱鱼放在淡绿色盘中，芹菜沙拉放在淡咖啡色盘中。这样对比鲜明，可以衬托出各种菜品的清鲜可口，诱人食欲，而且产生视觉美。俄罗斯的汤类是除冷菜外的第一道菜，能起到润喉和促进食欲的作用。一般人们在喝完汤后才会吃其他菜。

二、席次安排礼仪

西餐宴请要事先与餐厅预订，说明宴请的时间、人数、目的、要求等，以便在预定时间到达前就排定座次。传统西餐大多使用长桌，而中餐则是以圆桌为主，因此，在席位安排上西餐与中餐有一定的区别。西餐的长桌位置排列主要有两种方式。

（一）法式就座方式

男女主人在中间相对而坐，男主宾坐在女主人的右边，左边是男次宾，女主宾坐在男主人的右边，左边是女次宾，其他陪客则男女相间依次往旁边坐。

（二）英美式就座方式

男女主人在桌子两端相对而坐，男主宾坐在女主人的右边，男次宾坐在左边，女主宾坐在男主人的右边，女次宾坐在左边，其他客人则男女相间依次往中间坐。

在隆重的场合，如果餐桌安排在一个单独的房间里，在女主人请客人入席之前，不能擅自进入设有餐桌的房间。如果都是朋友，大家可以自由入座；在其他场合，客人要按女主人的指点入座。客人要服从主人的安排，其礼貌的做法是，在女主人和其他女士坐下之后方可坐下。一般说来，宴会应由女主人主持。如果女主人说"祝你们胃口好"，这就意味着你可以吃了；如果女主人还没有开始讲话，勺子就放在嘴里了，那就是一件非常没有礼貌的事情。

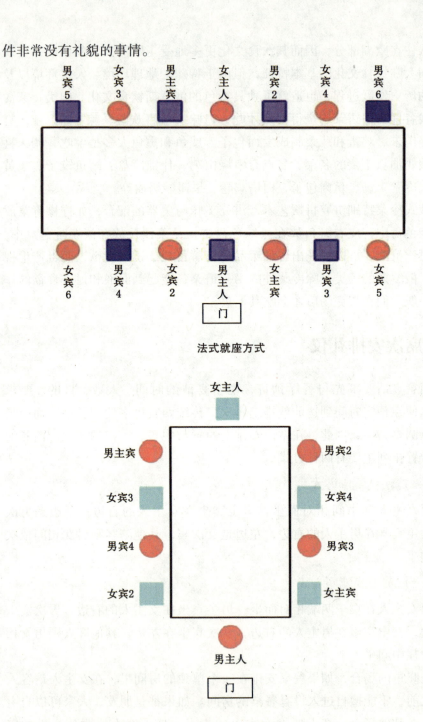

法式就座方式

英美式就座方式

总的来说，西餐中的席次安排，都必须遵循以下几条原则。

1. 女士优先原则

在西方传统文化中，女士优先的原则尤为重要，在西餐礼仪中同样如此。安排席次时，以女主人为第一主人，在主位就座，男主人则为第二主人，在第二主位上就座。

2. 距离尊卑原则

在席次的安排上，西餐与中餐相似，都有尊卑之分。但不同的是，西餐中席次的尊卑是根据与主位的距离远近而决定的，距离主位越近的位置越尊贵。

3. 以右为尊原则

西餐在安排席次时，基本原则是以右为尊。在安排位置时，按照西方的礼仪，右侧的座位要高于左侧的座位，也就是说，男主宾要排在女主人的右侧，女主宾要排在男主人的右侧，照此原则，其余位置依次排列。

4. 面门为上原则

西餐餐桌的座位中，面对餐厅正门的座位是主位，相对而言要高于背对餐厅正门的座位，所以由女主人就座，男主人则坐在背对餐厅正门的座位。

5. 交叉排位原则

无论主宾，都按照男女交叉排列而坐。同时，熟人和生人也按照此原则排列。在西方的交际中，要拓展人际关系的重要办法就是各种宴会场合，这样的交叉排列，有利于让人们认识到更多的人，不断地去交流和学习，达到扩展人际圈的目的。

三、餐具使用礼仪

西餐的餐具主要包括刀、叉、匙、盘、杯、巾等六大类，根据食用不同食物使用不同餐具的原则，又可以分为前菜刀叉、鱼用刀叉、肉用刀叉、水果刀叉、奶油刀、汤匙、咖啡匙、主菜盘、面包盘、饮水杯、香槟杯、红葡萄酒杯、白葡萄酒杯等20余种。为了避免餐桌显得杂乱无章和不整洁，左右两侧餐具原则上不能超过3～4件。为了讲究摆设的变化，两种相同形状、大小的餐具不能同时摆在一起，其具体摆法为：主菜盘放正面中间，左手边放叉，右手边放刀，由里到外依次在主菜盘上方放着匙，右上方放着酒杯。餐巾放在主菜碟上或插在水杯里，也有放在餐盘的左边的。面包、奶油盘放在左上方。

（一）刀叉

在西餐厅进餐时，要端正坐好，将肩膀与手腕放松，两臂贴着身体，手肘不可过高或过低，由餐盘的外侧往内侧取用刀叉，左叉右刀（惯用左手则相反），刀与餐盘的角度保持在15°左右，切东西时先用餐叉按住食物，用餐刀沿餐叉的一侧切成小块，然后用餐叉叉起送入口中，依此往复。

在切取食物时，切不可用力摩擦餐盘发出噪声。食用体积较大的蔬菜时，可用刀叉来折叠、分切。较软的食物可放在叉子平面上，用刀子整理一下。进餐过程中需暂时放下刀叉时，要将刀叉呈"八"字形摆放在盘中；如吃完或不再使用，应将刀叉并拢，刀锋朝里，叉背朝下，竖直摆放于餐盘中。若刀叉突出到盘子外面，既不安全又不好看。更不要一边说话，一边挥舞刀叉，这是非常失礼的。用餐后，将刀叉摆成四点钟方向即可。

刀叉排放

（二）汤匙

西餐餐桌上一般会有2~3把汤匙，其中大汤匙是喝汤用的，小汤匙是吃甜品用或喝咖啡用的，扁平汤匙是涂黄油和分食蛋糕用的。在用大汤匙喝汤时，由内向外轻轻把汤舀起七分满送入口中，汤快喝完时，可轻轻将汤盘内侧抬起，再用汤匙舀起。

当还未使用完需暂时放下汤匙时，可将汤匙放在汤盘中；当使用完毕时，不要放回原处，也不要将其插入菜肴或立于餐具中，将汤匙横放在汤盘外即可。

（三）餐巾

西餐中的餐巾主要是用来防止食物弄脏衣物以及擦嘴、擦手的，是西餐用餐时第一个使用的用品，也是离席时最后一个使用的用品。在就座准备用餐时，应将餐巾平铺或折叠后放于双膝之上，不可挂在胸前或系于领口。在使用餐巾擦嘴时，只需拿起餐巾的一角轻轻按压即可，切不可使用餐巾擦拭餐具或擦汗擦脸。

当用餐中途暂时离席时，可将餐巾放在座椅或座椅靠背上；当用餐完毕后，则将餐巾放于餐桌之上，表示用餐结束。

四、西餐进餐礼仪

（一）预约

西餐宴请要事先与餐厅预约，说明宴请的时间、人数、目的、要求等，以便在预定时间到达前就排定座次，越高档的饭店越需要事先预约。预约时，不仅要说清人数和时间，也要表明是否要吸烟区或视野良好的座位。在预定时间内到达，是基本的礼貌。

（二）服装

参加西餐宴会时，着装应当注意大方得体，尤其在出席正式宴会场合时，男士须穿着正装，女士应当穿着套裙或礼服，再昂贵的休闲服，也不能随意穿着去正式的西餐场合。如果餐厅内的光线较暗，女士要化稍浓的妆容；如果指定穿着正式服装，男士必须打领带。也就是说，一定要衣着得体，不同场合穿着不同的服装，吃饭时的穿着得体是欧美人的常识。

（三）就座

在餐厅就座时，仍需谨记女士优先的原则，待女士全部落座后男士方可就座。就座后保持身体端正，并与餐桌保持适当距离，切记不可有跷腿、随意摆弄餐具等行为。如果是男女两人同去餐厅，男士应请女士坐在自己的右边，还得注意不可让女士坐在人来人往的过道边；若只有一个靠墙的位置，应请女士就座，男士坐在她的对面；如果是两对夫妻就餐，夫人们应坐在靠墙的位置上，先生们则坐在各自夫人的对面；如果是两位男士陪同一位女士进餐，女士应坐在两位男士的中间；如果是两位同性进餐，靠墙的位置应让给其中的年长者。

举行正式宴会时，桌次多时应摆上桌次牌。座席按国际惯例排列：桌次的高低按距离主桌位置的远近而定，且右高左低；同一桌上席位的高低则按距离主人座位的远近而定。西方习俗是男女交叉安排，即使是夫妻也是如此。

（四）喝汤

喝汤必须使用汤匙，不可将汤盘端起直饮。第一口可以小口轻尝以试温度，不能因太烫而用嘴吹，可等到自然冷却后再食用。喝汤也不能吸着喝，应先用汤匙由后往前，将汤舀起，汤匙的底部放在下唇的位置，将汤送入口中。汤匙与嘴部成45°角较好，身体的上半部略微前倾。碗中的汤剩下不多时，可用手指将碗略微抬高。

（五）主菜

1. 无骨肉类

在食用无骨肉类时，一般是由左至右将肉切成小块食用，动作幅度不宜过大，更不可将整块肉叉起啃咬。

2. 带骨肉类

在食用带骨肉类时，可用叉背按住食物，再用餐刀将肉由外到里逐渐切下后再继续切割食用。如果吃到细小骨头，不可直接吐在餐盘中，应用餐巾捂嘴吐在餐叉上再放入盘内。

3. 蔬菜

蔬菜类菜肴可以安排在肉类菜肴之后，也可以与肉类菜肴同时上桌，既可以算是一道菜，也可以看成一道配菜。蔬菜类菜肴在西餐中又称为沙拉，与主菜同时上的沙拉称为生蔬菜沙拉，一般用生菜、西红柿、黄瓜、芦笋等制作。在吃芦笋、西兰花等大块蔬菜时，应先用餐刀切成小块再食用，其他蔬菜可直接用餐叉取用。沙拉除了蔬菜之外，还有一类是用鱼、肉、蛋类制作的，这类沙拉一般不加味汁，在进餐时可以作为头盘食用。

4. 面包

吃面包时，可以直接用手，先撕成小块，再用左手拿来吃。吃硬面包时，用手撕开不但费力，而且面包屑会掉满地，此时可用刀先切成两半，再用手撕成块来吃，但需注意的是，不可将整个面包拿起啃咬，而应该掰成小块送入口中。如果需要抹黄油或果酱，也应先将面包掰成小块后，再涂抹。为了避免像用锯子似的割面包，应先把刀插入另一半，切的时候，用手将面包固定，这样就不会发出声响。

（六）甜点

吃甜点时，应该使用专门为甜点所配的餐具或桌上的甜点勺，一般蛋糕及饼干用小叉子分割取食，不能用大汤匙或其他餐具。较硬的，则需要用刀切割后，用叉食用；如果是小块的硬饼干，可以直接用手取用。冰淇淋或者布丁等用小汤匙取食；有时餐厅上的冰淇淋会附上一小块饼干，因为冰淇淋会使舌头冷麻，饼干就是用来暖舌的。冰淇淋和饼干可以交替着吃，但不可以将冰淇淋放在饼干上食用。

此外，西餐中的面食要用叉子卷着或者叉着吃，如意大利面、通心粉等。奶酪也是要用刀叉来帮助食用的。

（七）饮酒

饮酒时，应当用手指轻握杯脚，正确的做法是，饮酒时先举起酒杯，认真欣赏一下它的色泽，然后用鼻子靠近杯子闻一闻酒香，尽量避免与杯肚的接触，饮用前先倾斜酒杯轻轻摇晃，最后再小呷一口，细细品味。西餐斟酒，最多只斟八分满，有时更少，如斟酒时酒水溢出来，是很失礼的行为。斟酒的顺序是先主人、次主宾，然后才是其他客人。吃西餐饮酒忌中国式的干杯。干杯时如果客人较多，不必一一碰杯，举杯的同时用眼神示意一下即可。与外宾干杯，不要交叉干杯，否则会形成十字形，触犯西方人的忌讳。在餐桌上闹酒、高声叫喊、猜拳行令，在西方人看来均属粗野、不文明的行为，要坚决杜绝。

（八）咖啡

喝咖啡时，可根据个人需要添加牛奶或糖，用咖啡勺搅拌后将勺放在咖啡碟上，左手轻轻端碟，伸出右手，用拇指和食指握住杯耳后，再轻缓地端起杯子，慢慢移向嘴边轻啜。不宜满把握杯、大口吞咽，也不宜俯首去就咖啡杯。喝咖啡时，不要发出声响。添加咖啡时不要将咖啡杯从咖啡碟中拿起来。如果咖啡洒在碟上，可以用纸巾吸干。不要用小勺舀咖啡喝。

（九）水果

西餐中，吃水果一般也使用刀叉等餐具，尽量不用手取食水果。水分多的水果可以用小汤匙取食，如奇异果等。苹果、桃类及瓜类水果，在正规餐厅一般都会洗净去皮后切片或切成块状，吃的时候，用小叉子取食。草莓类多放于小碟中，用匙或叉取食均可。香蕉要用刀叉去除头尾，从中间切开、剥皮，然后切成块片状，用叉子食用。葡萄可以用手去皮，不容易去皮的葡萄（如提子）可以用刀在蒂口划上一个十字，然后用手剥皮，葡萄籽要吐在自己的手掌中，然后放在自己的果碟里。吃水果时，餐厅通常还会提供洗手钵，里面放置了花瓣或柠檬，以供洗手之用。洗手时，只要将手指尖浸入便可，然后用自己的餐巾擦干手。

（十）其他注意事项

（1）每次食用的食物不宜过多，咀嚼食物时不要发出咀嚼声，就餐过程中不要大声谈笑或与他人交谈。

（2）在吃贝类海鲜时，应该用左手持壳，右手用叉将肉挑出来食用；

在吃整条鱼时，应先吃上面的鱼肉，再将整条鱼骨剔下继续吃下面的鱼肉，不能将鱼翻边。

（3）尽量避免在用餐时打喷嚏、擦鼻涕、打嗝，如忍不住，可以先用餐巾遮住，再向周围客人致歉。

（4）不要在用餐过程中随意离席，如确实需要暂时离开，应该先向周围客人告知并致歉。

（5）在不需要添酒或添加食物时，应礼貌谢绝，而不是接过之后又不食用。

第四节　自助餐礼仪

案例导入

刚刚大学毕业的小林，找到一份外企的秘书工作，正好一进公司就赶上了公司周年庆典，安排在环球海洋熊猫自助餐厅吃自助餐庆祝。得知这个消息的小林可高兴坏了，她最喜欢吃海鲜了，平时因为价格较贵，舍不得吃，这次她在自助餐前特意饿了一天肚子，准备大快朵颐。在宴会当天，她更是取了很多自己喜欢的食物，特别是海鲜，满满一桌子的菜，吃了 2 个小时，小林都吃撑了，还是没有吃完，浪费了很多食物。

第二天，小林因为暴饮暴食，引发肠胃炎去了医院。自助餐，菜肴丰富，品种繁多，有些人会为了省得麻烦，一次拿取很多食物，造成浪费不说，也会因为吃得过多导致肠胃功能紊乱，得不偿失。

一、自助餐特点

自助餐目前是国际上非常流行的一种非正式的西式宴会，在大型的商务活动中尤为多见。之所以被称为自助餐，主要是因为在用餐时可以发挥用餐者的主观能动性，自己动手，自己帮助自己，自己在既定的范围之内安排选用菜肴。具体有以下几个特点。

（一）菜品丰富

自助餐厅一般都会提供冷盘、肉类、海鲜、主食、汤、甜品、蔬果、饮料等众多食物供就餐者选择，同时也会有煎、炒、炸、炖、烤、蒸等诸多烹饪形式。

（二）免排座席

在自助餐宴会上，一般都不安排固定座席，就餐者可选择自己中意的位置就座，也方便与他人自由交流。

（三）自由选择

就餐者可随意选择自己喜欢的菜品和食物，不会像西餐那样有固定的上菜顺序和固定的分量。

（四）大型招待

自助餐能够很好地解决招待人数较多的问题，同时能很好地解决众口难调的难题。

（五）节省开支

自助餐相对西餐而言没有昂贵的菜肴和酒水，因此成本比西餐要低不少，能够节省招待费用方面的开支。

二、自助餐用餐礼仪

自助餐虽然相对西餐更加自由、随意，但仍是一场宴会活动或一场商务活动的一部分。因此，注重自助餐的用餐礼仪，不仅仅是个人修养的体现，甚至比宴会或活动本身更加重要。

（一）排队取菜

在就餐时，用餐者往往是成群结伴而来，因此大家都应该自觉维护公共秩序，讲究先来后到，排队取菜。

（二）快速取菜

在取菜时不宜在同一菜品前作过久的停留，不要犹豫不决，更不要反复挑选，从而影响后面的就餐者取菜。

（三）循序取菜

在取菜前，最好先在全场转一圈，了解下菜品情况，然后有选择地取菜。一般按照冷菜、汤、热菜、点心、甜品和水果的顺序取菜。

（四）多次少取

自助餐最忌浪费，因此在取菜时，应当注意多次少取，量力而行。每次只取少量食物，吃完再取，避免给其他宾客造成不良印象。

（五）避免外带

自助餐都有不成文的规定，那就是能在餐厅内自由享用，但不能将食物带出餐厅。既不能自己将食物打包，更不能向餐厅服务员提出外带的要求。

（六）送回餐具

自助餐讲究自助，不仅是在就餐时的自助，而且要善始善终，在用餐完毕后，自行将餐具简单地整理或者将餐具送回指定位置。

（七）积极交际

一般商务活动的自助餐的重点不是在自助餐，而是在就餐过程中适当地进行商务交际活动，因此不宜一个人埋头就餐，应该积极主动地融入交际活动中。

第五节　饮茶礼仪

💬 案例导入

习近平的"茶叙"外交

茶叶是中国老百姓再熟悉不过的东西。自古以来，中国茶叶随着丝绸之路传到欧洲，逐渐风靡世界，与丝绸、瓷器等，被认为是共结和平、友谊、合作的纽带。在外交场合，习近平主席也多次与外国领导人一同"茶叙"，共话友好未来。

2016年9月3日，在G20杭州峰会召开前夕，习近平主席和奥巴马总统在杭州西湖国宾馆的凉亭喝茶。

2017年1月12日，中共中央总书记、国家主席习近平在人民大会堂同越共中央总书记阮富仲举行会谈。会谈后，两党总书记进行了茶叙，畅谈中越共通的茶文化，共叙两党两国关系未来。

2017年1月15日，国家主席习近平和夫人彭丽媛受瑞士洛伊特哈德主席夫妇邀请，在轻松愉快的氛围中品茶畅谈。

在中国，茶被誉为"国饮"。"文人七件宝，琴棋书画诗酒茶"，茶通六艺，是中国传统文化艺术的载体。茶被人们视为生活的享受、健康的良药、提神的饮料、友谊的纽带、文明的象征。博大精深的中国茶文化，茶道是核心。随着时代的发展，茶道越来越受商务人士的喜爱，它能净化人的心灵，让欲望无处遁形，让人性返璞归真。

现代商务活动，无论是洽谈业务、谈判项目、商务合作，还是商务访问，均离不开以茶待客。下面介绍的是以茶待客过程中主人和客人分别应该注意的饮茶礼仪。

一、品茗着装

茶的本性是恬淡平和的，因此，品茗礼仪要求男女着装整洁大方，举止端庄，与环境、茶具相匹配，言谈得体，彬彬有礼，体现出内在的文化素养。

品茗服饰与环境、茶具相匹配

二、主人待客茶道

（一）茶席布置

简单无需奢华，但需洁净，不使用的器具应尽量放在桌面以外。花器等装饰品应符合主题、颜色、材质尽量与茶具、茶席融为一体，避免喧宾夺主。

花器与茶具、茶席融为一体

（二）茶具清洁

所有茶具的外观必须是整洁干净的，杯子里没有茶垢、杂质、指纹之类的异物附着。

许多人喜欢使用老物品，因为上面残留着岁月的痕迹，这当然是可以的，但是不包括残留令人不悦的水渍或茶渣。

（三）避免接触

他人的杯子，应该一只手托住杯底，另一只手扶住茶杯的 1/2 以下部分，手指切莫触及杯口，如果有条件，在奉茶时尽量使用茶托。

（四）请客人选茶、赏茶

主人在泡茶前，应先拿出一些名优茶叶放在茶盘中，供客人挑选，以表达主人对客人的尊重，同时让客人仔细欣赏茶的外形、色泽和干香。

（五）取茶

将茶筒中的茶叶放入壶中或杯中，应使用竹或木制的茶匙取茶，不要用手抓。

若没有茶匙，可将茶筒倾斜对准壶口或杯口轻轻抖动，使适量的茶叶落入壶中或杯中。

请客人赏茶　　　　　　　　　　　　用茶匙取茶

（六）逆时针的讲究

进行回转注水、温杯、烫壶等动作时，用双手回旋。

一般使用右手，按逆时针方向，类似于招呼手势，寓意"来、来、来"表示欢迎；反之，则变成暗示挥斥"去，去、去"了。若为左手，则按顺时针方向。

（七）顺时针的讲究

一般茶主人都以右手持壶或公道杯为宾客倒茶，应自左到右按顺时针方向倒茶。这样，壶口或公道杯口是倒退着为宾客分茶，因为如自右到左按逆时针方向倒茶，则变成口向前冲着宾客倒茶，壶嘴不断向前行进如一把利刃，变成一种侵略性的动作。当然，如习惯左手持壶，则可逆时针。

（八）分茶

分茶时要注意不得溅出茶水，做到每位客人茶水水量一致，以示茶道公正平等，无厚此薄彼之义。分茶时，茶杯多放于客人右手的前方。

（九）茶满欺客

斟茶时，只斟七分满即可，暗寓"七分茶三分情"之意。俗话说："茶满欺客"，茶满不便于握杯啜饮。

（十）添茶

习惯上，最右方的茶是尾席，斟茶适量，每一泡茶，都应由茶主人进行扫尾。

茶主人应随时关注每一道茶汤的变化，以便随时调整泡茶的要素，更好地发挥茶汤的品质。

（十一）续茶

客人喝完杯中茶，并且到了尾头，应尽快续杯。如果发现客人的杯子有茶渣，应该替客人重新洗杯，或者换杯。

主人应熟悉茶品状况，若茶汤已现水味，应及时换茶。

晚上品茶不宜太晚，应适当注意观察，在喝的尽兴的时候，也应该注意茶局结束的时间。

（十二）茶点

正规场合，品鉴好茶时不宜食用茶点，否则将被视为对茶的不尊重。食用的茶点，不推荐口味较重的蜜饯、奶糖类茶食，坚果类的零食比较适宜。品茶到深夜，当备茶点。

（十三）品茗座次

品茗座位原则：面对主人，主人的左手边是"尊位"。顺时针旋转是由尊到卑，直到主人的右手边，不论茶桌的形式如何，此规律不变。尊位的第一顺序为：老年人、中年人、比自己年纪大的人。其中，师者长者为尊，若年龄相差无几，尊位优先留给女性。

（十四）续水

如遇宾客多或在开会，泡茶的人需要他人协助烧水壶续水时，可以在需要续水时适当打开壶盖示意，避免高声要水，那样会使宾客感到尴尬。

（十五）放置茶壶

放置茶壶时，壶嘴不能正对他人，因为这样表示请人赶快离开的意思。

（十六）擦拭茶壶

有的茶主人十分爱惜自己的茶壶，在冲泡的过程中，难免会淋壶擦拭，把玩摩挲，甚至多壶齐养，但不知道在自己的举手投足间，这些多余的动作，已经影响到了客人的品茶注意力。

同样道理，品茶期间，整理茶台、擦拭桌椅，也会让人以为主人要送客了。

礼仪小贴士

主人敬茶礼仪

敬茶应双手奉上，首杯茶要敬给桌上德高望重的人，且将茶杯放在客人右手附近是最适当的做法。

（1）先为客人上茶，后为主人上茶；

（2）先为主宾上茶，后为次宾上茶；

（3）先为女士上茶，后为男士上茶；

（4）先为长辈上茶，后为晚辈上茶。

敬茶应双手奉上

若来宾甚多，且彼此间差别不大，可采取以下上茶顺序。

（1）以上茶者为起点，由近而远依次上茶；

（2）以进入客厅之门为起点，按顺时针方向依次上茶；

（3）以客人的先来后到为先到的人上茶；

（4）不讲顺序，或由饮用者自己取用。

三、客人品茗礼仪

（一）态度到位

客人对待主人也是需要有礼貌的，如果是长辈为自己上茶，则一定要起身站立双手接过茶以表示感谢。如果是不方便起立的，至少也得面带微笑，双手接过茶以表示感谢，最忌讳视而不见。

（二）适当赞赏

品茶时，讲究小口品饮，一苦二甘三回味，其妙趣在于意会而不可言传。当主人说这款茶叶是名茶的时候，客人可适当观察一下茶色，闻一下茶味，然后对此加以赞赏，适当称赞主人茶好。千万不可以置之不理，或者说出对主人不尊敬的话，例如，说这款茶的名字没有听过，或者说茶的味道不好，是对主人的不尊敬，会引起主人的不快。

（三）慢慢品尝

喝茶的时候一定要细心地慢慢品尝，不要一口闷或者是咕噜咕噜喝下，慢慢品尝不仅是对主人的一种尊重，更是自己素质的体现。

延伸阅读

[1] 葛晨虹.中国礼仪文化[M].北京:经济科学出版社,2001.
[2] 沈骊.错误的礼仪[M].上海:复旦大学出版社,1999.
[3] 张晓梅.晓梅说礼仪[M].北京:中国青年出版社,2008.
[4] 文泉.国际商务礼仪[M].北京:中国商务出版社,2003.
[5] 李晶.现代国际礼仪[M].武汉:武汉大学出版社,2008.

视频链接

1. 新境茶艺张丽老师紫砂壶冲泡教学视频。https://mp. weixin. qq. com/s/zHar-SpSBe25kuTxaRvLFw? from = singlemessage。

2. 新境茶艺张丽老师普洱茶冲泡教学视频。http://mp. weixin. qq. com/s/Jxi9yzmgv4n8qNi3FrfspQ。

3. 新境茶艺张丽老师玻璃杯冲泡教学视频。http://mp. weixin. qq. com/s/X9CLsKjJmn7CcrP9dRHCKQ。

第 **六** 章

商
务
涉
外
礼
仪

　　由于各个国家所处的地区和历史不同，各地区、各民族对礼仪的认识各有差异。在长期的国际往来中，逐步形成了外事礼仪规范，也叫涉外礼仪，它是人们参与国际交往所要遵守的惯例，是约定俗成的行为规范。它强调交往中的规范性、对象性和技巧性，是所有商务活动中都必须遵守的，称之为商务涉外礼仪。本章主要介绍涉外礼仪的原则和常见的涉外礼宾礼仪。

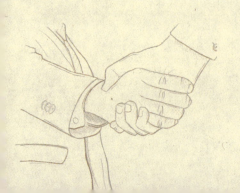

第一节　涉外礼仪的原则

💬 案例导入

习近平总书记出访小故事

我国自古以来就是礼仪之邦，中国人素以彬彬有礼的风貌著称于世界。习近平总书记的亲民范儿和平民情怀已经成为全球媒体的热议话题，细微之处凸显"暖男"范儿。

故事一：习近平总书记在出访结束的时候，通常会主动和机场地勤人员一一握手表示感谢，并和大家合影留念。2014 年 7 月 18 日，习近平总书记对巴西空军基地的官兵说："专机停在这得到这么好的保障，谢谢。"这一句真诚的感谢深深地感动了巴西空军基地的官兵，一位巴西空军基地空军军官对习总书记说："主席先生，我们基地的所有官兵将您评选为到过巴西空军基地的最和蔼可亲的国家元首"。

故事二：2014 年 8 月，90 多岁高龄的津巴布韦总统穆加贝访华。按照外交礼仪，晚宴即将结束时，通常由礼宾官加以提示。由于穆加贝总统上了年纪，他吃饭也比较慢。习总书记专门吩咐身边的礼宾官说："不要催，让他慢慢吃，我们大家都等他。"

故事三：2015 年 5 月，在俄罗斯纪念卫国战争胜利七十周年庆典期间，习近平总书记为曾经在华参加抗日战争的俄罗斯老战士颁奖。一名俄罗斯老兵紧紧握住习总书记的手，轻轻地吻了一下。习总书记也紧紧地握住他的手，深情地望着他。

当习近平总书记看到 90 岁高龄的老兵谢尔盖耶夫腿脚不便时，马上快步走向前去为他颁奖。

习近平总书记的亲民范儿和平民情怀已经成为全球媒体的热议话题。在不少人看来，习近平总书记就像一位隔壁的长辈、串门的邻居，平易近人，质朴可亲。

一、维护形象原则

在国际交往中，个人形象真实地体现着一个人的教养和品位，客观地反映了一个人的精神风貌与生活态度，充分展现了一个人对待交往对象的重视程度，代表了所属单位、所属国家、所属民族的形象。基于以上原因，在涉外交往中，每个人都必须时时刻刻注意维护自身形象，特别是要注意维护自己在正式场合留给外国友人的第一印象。

二、不卑不亢原则

不卑不亢是涉外礼仪的一项基本原则。我国涉外人员在参与国际交往时，其言行应当从容得体、堂堂正正。在外国人面前，既不应该表现得畏惧自卑、妄自菲薄，也不应该表现得自大狂傲、放肆嚣张。而应该在变化多端的形势中辨明方向，在错综复杂的斗争中站稳立场，在恶意诋毁中顶住风浪。做到在任何外交环境中都要严守纪律，任何情况下都将忠于祖国、维护国家利益和尊严放在首位，体现中国人民的气概。

三、入乡随俗原则

"入乡随俗"是指在涉外交往中，要真正做到尊重交往对象，首先就必须尊重对方所独有的风俗习惯和礼节。遵守"入乡随俗"原则，主要是基于以下两方面原因。

一是"十里不同风，百里不同俗"。世界上的各个国家、各个地区、各个民族，在其历史发展的具体进程中，形成各自的宗教、语言、文化、风俗和习惯，并且存在着不同程度的差异。这种差异是不以人的主观意志为转移的，也是世间任何人都难以强求统一的。

二是在涉外交往中尊重外国友人所特有的习俗，容易增进中外双方之间的理解和沟通，有助于更好地、恰如其分地向外国友人表达我方的亲善和友好。

四、信守约定原则

信守约定原则，是指在一切正式的国际交往之中都必须认真而严格地遵守自己的所有承诺。说话务必要算数、许诺一定要兑现、约会必须要如约而至。在一切有关时间方面的正式约定之中，尤其需要恪守不怠。

五、尊重隐私原则

在涉外交往中，贸然谈及个人隐私问题很有可能触及对方的隐痛，给双方的交往带来难以挽回的影响。因此，对别人的隐私，要做到"五不问"：一不问收入；二不问年龄；三不问婚姻家庭；四不问健康问题；五不问经历。

六、求同存异原则

"求同存异"指在涉外交往中为了减少麻烦，避免误会，最为可行的做法是，既对于交往对象所在国的礼仪与习俗有所了解并予以尊重，又要对于国际上所通行的礼仪惯例认真地加以遵守。

七、女士优先原则

在国际交往中，"女士优先"是一项重要的礼仪原则。在社交场合或公共场所，男士有必要以自己的实际行动去表现对女士的尊重，主动照顾、帮助女士。人们在上车时，要让女士先行；下车时，则要为女士先打开车门；进出车门时，主动帮助她们开门、关门等。

八、热情有度原则

热情有度是指要告诉人们在参与国际交往，直接同外国人打交道时，不仅待人要热情而友好，更为重要的是，要把握好待人热情友好的具体分寸；否则就会事与愿违，过犹不及。

九、以右为尊原则

我国自古一般以左为上，而现今国际上流行的礼节中，却与我们正好相反，大多数国家都是以右为上。

"以右为尊"具体表现在：并排站立、行走或者就座的时候，为了表示礼貌，主人居左，客人居右；男士居左，女士居右；晚辈居左，长辈居右；未婚者居左，已婚者居右；职位、身份低者居左，职位、身份高者居右。此外，在会见、合影等正式场合进行并排排列，安排涉外宴会的桌位、位次，安排乘车位次，悬挂国旗时，也需要遵守"以右为尊"的原则。

按照国际惯例，在接待外宾时，当主人去外宾下榻的地方进行拜会或送行时，外宾在主人为他提供的下榻的地方，应该被看作"主人"，而不是"客人"。因此，在进行并排排列时，要使主人居右，外宾居左。

第二节　常见的涉外礼宾礼仪

案例导入

外交无小事，礼宾无小事

1990 年 12 月，一位中央领导访问马来西亚，为了表示对我国明代友好使者、航海家郑和的敬意，日程中专门安排了领导人拜谒郑和庙。由于"打前站"的时间紧迫，首任中国驻斯洛文尼亚共和国大使、中国外交部礼宾司前代司长鲁培新当时未能亲自去看郑和庙，只好委托使馆派人前去查看。但由于工作繁忙，使馆也没有派人去。于是，全团人员后来被带到一个很大的佛庙，向"郑和"三鞠躬。就在这时，一位当地的华侨老者告诉鲁培新，这里根本不是郑和庙。鲁培新一听，顿时头上冒出一阵冷汗。事后，他和马来西亚方面商量，重新补去了一次真正的郑和庙。"细节决定成败。"多年后，鲁培新依然感慨："这件事再次证明，外交无小事啊。"细节虽然重要，但对礼宾工作而言，细致的同时，更要避免烦琐。

"礼"作为是一种习俗，虽然不能解决实质性问题，但却是调节两个国家相互关系的润滑剂。给予什么礼遇反映关系的亲疏。是否重礼还反映一个国家、机构和个人的文明程度。而礼宾程序则是工作规范的一个方面。因此，涉外人员在待人接物及工作交往上尤应重礼，争为人先。下面主要从礼遇、礼仪、礼宾三个方面介绍常见的涉外礼宾礼仪。

一、礼遇

国际会议都必须借某个国家举行，这个国家便是会议的所在国或称东道国。国际组织的所在国家往往是其国际会议的永久性东道国。临时召开的国际会议则选定某个国家作为其临时的东道国。不论是永久或临时的，东道国都给予参加会议的代表一定的优待和便利，而国际会议也相应给予东道国某些回报。这就形成了国际会议和东道国之间的相互礼遇。礼遇构成了国际惯例的一个部分，也是国际会议在实践中不可缺少的环节。

在国际会议中，相互给予的礼遇很多，主要有：

第一，会议代表抵达时，派人在机场、车站、码头迎候，协助办理通过海关的手续，派车把会议代表送至下榻地点；

第二，联系有关酒店给予会议代表优惠价格；

第三，免费提供与会务有关的市内交通工具；

第四，为会议代表举行欢迎宴会、招待宴会或文娱晚会；

第五，政府领导人接见会议代表并讲话、合影等；

第六，为会议代表代订返程机票、车票、船票；

第七，组织会议代表参观、游览；

第八，免除国际机构公用物品的关税；

第九，向会议代表赠送纪念性礼品；

第十，为会议代表的配偶组织活动。

这些礼遇并非是东道国必须尽到的责任，但多已形成惯例，通常在条件许可时，有关国家都会尽力做到。但如经费拮据或东道国对会议重视程度较低，某些活动便可能删减、降低规格或由代表自费。各国国情不同，有的国际会议没有国家或大企业的财政支持，就不显得那么慷慨大方。如会议组织者确已尽力，外国代表便不应攀比和苛求。

对于重要代表，尤其是政府领导人，东道国往往做出特殊安排，包括：

第一，指派专用小轿车及司机；

第二，允许小车上悬挂派出国国旗；

第三，安排舒适、安静、便利的寓所；

第四，指派专职随身保安人员；

第五，外出时警车开道。

这些安排既是礼遇，也是出于安全保卫的需要。某些国家的城市交通拥挤，为保证代表集体活动的及时抵达和车辆安全，往往也采用警车开道。

联合国召开正式会议时，有关联合国机构往往强调，根据国际公约，联合国官员及与会代表履行公务时发表的言论和所做行为应免受所在国的法律诉讼，但有些国家认为联合国会议鱼龙混杂，难免有人借口执行公务进行有损东道国利益的言行，因而持有异议。为此，某些东道国协议规定，在不影响给予所有与会者特权、豁免和便利的条件下，每个与会者有责任尊重东道国的法律、条规及不干涉其内政。这一规定既承认了所有与会者的特权、豁免和便利，又对他们的言行作了限制。

对于东道国的失礼行为，特别是由于疏忽而造成者，国际会议代表往往表现政治家风度，可能有所表示但不会大吵大闹，以免"显得愚蠢"。对于明显的歧视、冷遇和刁难，他们当然也不会漠然置之。例如，持外交护照的代表出入东道国国境时，应享受行李物品免验的待遇，若海关人员坚持要翻箱倒柜，定会遭到拒绝。

原则上，东道国对所有与会代表应一视同仁，不分亲疏。但东道国给予少数特别友好国家的代表某种特殊礼遇也不少见，然而做法上都较巧妙，如突出其身份、贡献，或寻找其他礼宾借口，使人无从指责。

国际会议也给予东道国相应的礼遇。其一，选举东道国的有关领导人为会议主席。其二，邀请东道国的要人莅临致辞。如果是国家领导人出席，仪式常以会众鼓掌欢送其退席而结束，隆重程度可见一斑。其三，邀请东道国的有关人士作为贵宾出席开幕式或闭幕式。会议组织者常为这些贵宾安排荣誉座位。

二、礼仪

国际会议是多边外交的重要组成部分，其严肃性是不言而喻的。不论与会者自己是否意识到，其他国家的与会者总是把你当作派出国的代表来看待。因此，每个与会者的一言一行都应表现自尊、自信与自爱，而切莫把在国际会议上的穿着、举止和言谈当作个人生活小事。别人总是通过你的举止言行来判断你所代表的国家的经济水平、道德情操和文化素质。因此，出席国际会议需注意以下礼仪问题。

（一）穿着

国际会议可以说是一种特殊形式的办公。参加国际会议绝不同于去游乐场、参加运动会或出席舞会。随意搭配的西服上下装、大红大绿的衬衫和领带、没有摘除缝在袖口商标的西服上衣、奇装异服等一切不符合规范的衣着都应在禁忌之列。通常，男士要穿上下同色、笔挺的西服。衬衣要合身，领口不宜过大，袖子不宜过长。衣裤尤其是衣领和袖口要整洁、干净。穿长袖衬衣时应将衬衣扎在裤内，不要卷袖子和裤脚。男士不应穿短裤、凉鞋、布鞋、运动鞋参加涉外活动。遇到隆重场合，如开幕式、闭幕式、宴会等，还应穿深色西服。女士的衣着可多样化，但不要浓妆艳抹，也不宜穿得花枝招展，应更多地表现职业女士的端庄和风度。各种场合的请帖上都会提示应穿的服装，或是礼服及民族服装，或是西服，或是便装。除非来不及更换，受邀人都应尽力遵行。

（二）举止

国际会议的参加者应当要举止大方，彬彬有礼。以下情况尤应注意：

第一，会场内轻声走路。国际会议在进行的过程中，为了磋商、请示、拟稿，与会者进出会场习以为常。这是由国际会议的特点决定的。为了以示礼貌和不影响会场秩序，最好是选择在两个发言之间的空隙进出。并且在会场内行走要蹑足而行，特别是女士们穿高跟鞋走路时更要轻行，以免发出响声。标准的国际会议会场均铺有厚地毯，即为吸声之用。

第二，不要挤占他国席位。在正式的国际会议中，每个代表团都有固定的席位，并标有国名。有时会议组织者为照顾人数较多的代表团，会分配给他们略多的前排座位。但许多会议上，各国代表团均会分配数额相等或相差无几的席位。这就给人数众多的代表团出席会议造成困难，容易发生挤占会场中邻国席位的事情。人数众多的代表团往往是大国，尤要注意克制，以免因"扩张"座位而造成不良影响，更不应因邻国代表暂时缺席便翻倒其国名桌牌，以增加自己的前排席位。临时占用他国后排座位，见到该国人员到来时，应立即退还。会场工作人员对挤占行为也可能进行干预。

第三，注意起身让路。国际会议的席位一般排列较紧，前排和后排间的空隙较小。就像在戏院一样，中途入座或离座者往往须在别人的座位前经过。临时入座或离座者总是对被影响者表示歉意，而被影响者也应起身让路。如别人已说"对不起"，而你只是将腿一侧，让人擦过，就会予人不耐烦的感觉。为避免因多占空间，给自己和他人带来不便，坐后排座位时最好不要跷起二郎腿。

第四，招待宴会上不要狼吞虎咽。国际会议的招待宴会有两种：一种是管吃饱的，另一种是不管吃饱的。不管吃饱的招待宴会提供的食品不多，客人便应自我克制，不要狼吞虎咽。否则既使主人为难，又不雅观。管吃饱的招待宴会如自助餐，应依次换盘取用冷菜、热菜、甜点心。有的人不分青红皂白，一次性地将三种菜满满装了一盘，然后慢慢享用，实在有失体面。

第五，不要把饮料、食品带进会场。国际会议休息时，组织者往往提供咖啡、茶水甚至小点心。这些都应在指定地点享用，不应带进会场。许多会议在场内提供冰水，供与会者饮用，这是例外。另一种例外是，会议超过正常用餐时间或占用早晚休息时间，为缓解与会者的饥饿或疲劳，主席有时同意在场内供应咖啡或点心。

（三）言谈

言为心声，言谈是衡量一个人的思想水平和文化素质的重要依据。长期养成的不良习惯也往往通过言谈而反映出来。因此，在国际会议的场内外的言谈禁忌为：

一忌大声喧哗。有些人养成大声说话的习惯。在国际会议的场内外，大呼小叫、放声大笑或高声喊人，都被视为不文明的表现。在会场内，特别是会议进行期间，说话一定要轻声，只可"窃窃私语"，以不搅扰他人为度。

二忌询问隐私。涉外交往中谈话内容尽量避免宗教、疾病、死亡、淫秽等话题，不要询问别人的收入、家庭财产等私人生活问题；不要批评长辈、身份高的人；不要耻笑讥讽别人；与女士交谈时，不要询问女士的年龄和婚姻状况，更不要评论对方的身材、健康、收入等。

三忌私开小会。有些人开会时不注意听讲，而是喜欢与人聊天。聊得起劲时手舞足蹈，声惊四座。

四忌扎堆交谈。这是一种更为常见的现象，多见于招待宴会上。所谓扎堆，无非是同胞、同行、同事自成热闹的小圈子，旁若无人。招待宴会的本意就在于让参加者得以来回走动，多方接触，自由交谈。熟悉的人多谈几句是很自然的，但是从头到尾老是接触那么几个人，就没有很好地利用社交的机会。特别是当自己的代表团或单位举行招待宴会时，每一个成员都应是殷勤接待和与来客亲切交谈的主人。如果主人自己扎堆，客人定会感到受冷落。即使语言有困难、身份不等或熟人不多，也应适当分散活动，尽量避免扎堆现象。

三、礼宾

礼宾通常是指对外交往及国事庆典中排列级别、身份先后的规则和正确的程序。国际会议是外交交往的重要组成部分，不可避免地涉及许多礼宾问题。从广义上讲，礼遇和礼仪也是礼宾。这里着重讨论礼宾次序问题。

在早期的国际会议中，人们经常为进出会场的先后和座位高低等礼宾问题而争吵不休。随着国际会议的逐渐成熟和走上正轨，各国达成了一些成文和不成文的规矩，避免因礼宾问题而影响集中精力和时间于实质性问题的讨论。无论是编制与会者名单，悬挂与会国国旗，还是安排与会代表座位，一般都是按照参加国英文国名的字母顺序排列。这就同中国姓名按笔画多少排列一样，分不出高低贵贱。但在实践中，有些国家也大鸣不平，因为按照例行做法，某些其他国家的席位总是占前排或居中，而它的国家老是坐后排或居两侧。为解决矛盾，联合国大会采用每年抽签决定哪个字母打头的做法，被抽中者便坐第一席，其余仍按照字母顺序依次排列，形成了大轮回。按照英文字母顺序排列并非是唯一的礼宾次序。在国际会议中，其他可供选择的标准还有：一可按照被邀国家通知其代表团已组成的时间先后排列；二可按照被邀国家答复决定应邀派团与会的时间先后排列；三可按照派遣国代表团抵达的时间先后排列。

这三种做法可以鼓励被邀国早日做出与会、组团和抵达的决定，有利于准备工作的进行。同时，它又是一种客观标准，没有偏爱任何国家。

在与会国家中划分高低贵贱违反所有国家一律平等的原则，是不可取的。但实际上按组织关系的紧密程度分别对待，却屡见不鲜。例如，会员国可分正式会员国和准会员国。准会员国的礼宾排列总是靠后。会议也有正式代表和观察员。观察员的排列次序也靠后。国际机构的位置又常在成员国之后，没有人认为有何不当。

按照与会代表个人职务、地位高低给予不同待遇，也是无可非议的。这并不涉及对其派遣国的态度问题，但对同一级别的代表须注意按照通知该代表团组成的时间或姓氏的字母顺序等排列。

至于左右两方的高低区别，中国人有"虚左以待"的说法，但在国际会议中通常以右为尊。若左右两侧同时排列座位，主席右侧的第一个座位居上，左侧次之。抽签实行座位轮回时，抽中的第一席便是从主席右侧起算，其余按照英文字母顺序依次排列或按反时针方向排列。

礼遇、礼仪和礼宾仅是国际会议的一种形式，但如果与会者相互都能以礼相待，集体行为也有一定的规矩可循，国际会议的气氛便会更加融洽、更加顺畅。

💬 延伸阅读

［1］ 刘青,邓代玉.世界礼仪文化［M］.北京:时事出版社,2010.

［2］ 朱立安.国际礼仪［M］.广州:南方日报出版社,2001.

［3］ 李嘉珊,刘俊伟.国际礼仪范式［M］.北京:高等教育出版社,2012.

［4］ 金正昆.涉外礼仪教程［M］.4 版.北京:中国人民大学出版社,2014.

🖥 视频链接

1. 中国大学精品视频公开课"现代礼仪"第八讲。http://www. icourses. cn/web/
sword/portal/videoDetail？ courseId = c90fe3c3 – 1332 – 1000 – 9af0 – 4876d02411f6。

2. 国家精品在线开放课程（慕课）"现代礼仪"第八章。http://www. icourse163. or
g/course/HNU – 20005。

参考文献

[1] 姬仲鸣,周倪.孔子:上卷[M].北京:中央民族大学出版社,1998.

[2] 杨朝明.荀子[M].开封:河南大学出版社,2008.

[3] 黄怀信.大学 中庸讲义[M].北京:清华大学出版社,2013.

[4] 司马光.资治通鉴[M].太原:北岳文艺出版社,2013.

[5] 刘同.谁的青春不迷茫[M].北京:中信出版社,2012.

[6] 李清如.跟杨澜学做完美女人[M].武汉:武汉出版社,2012.

[7] 周小平.请不要辜负我们这个时代[M].海口:南海出版公司,2014.

[8] 袁涤非.商务礼仪实用教程[M].北京:高等教育出版社,2016.

[9] 陈玲,张浩璐.商务礼仪[M].北京:清华大学出版社,2013.

[10] 刘民英.商务礼仪[M].上海:复旦大学出版社,2014.

[11] 金正昆.商务礼仪教程[M].5 版.北京:中国人民大学出版社,2016.

[12] 翟文明.中国人容易犯的 1000 个礼仪错误[M].哈尔滨:黑龙江科学技术出版社,2008.

[13] 张晓梅.晓梅说商务礼仪[M].北京:中国青年出版社,2014.

[14] 赵春珍.中外礼仪故事与案例赏析[M].北京:首都经济贸易大学出版社,2011.

[15] 李洁.礼仪是一种资本:日常礼仪的 300 个细节[M].北京:北京出版社,2015.

[16] 夏志强.商务礼仪 100 堂课[M].北京:经济管理出版社,2016.

[17] 罗宇.商务礼仪实用手册[M].北京:人民邮电出版社,2014.

[18] 赵凡禹.30 岁前要学会的 33 堂礼仪课[M].上海:立信会计出版社,2014.

[19] 穆清.二十几岁要懂的商务礼仪[M].北京:经济管理出版社,2012.

[20] 朱力.商务礼仪[M].北京:清华大学出版社,2016.

[21] 史兴松.国际商务礼仪:英文版[M].北京:对外经济贸易大学出版社,2012.

[22] 明晓辉,王伟,石虹.职场礼仪[M].北京:北京理工大学出版社,2015.

[23] 周国宝,王莉莎,赵娜.现代国际礼仪:英文版[M].北京:北京师范大学出版社,2014.

[24] 徐辉.现代商务礼仪[M].北京:清华大学出版社,2014.

[25] 郭学贤.现代礼仪[M].北京:北京大学出版社,2013.

[26] 吴蕴慧.现代礼仪实训[M].镇江:江苏大学出版社,2013.

[27] 葛晨虹.中国礼仪文化[M].北京:经济科学出版社,2001.

[28] 沈驷.错误的礼仪[M].上海:复旦大学出版社,1999.

[29] 文泉.国际商务礼仪[M].北京:中国商务出版社,2003.

[30] 李晶.现代国际礼仪[M].武汉:武汉大学出版社,2008.

[31] 刘青,邓代玉.世界礼仪文化[M].北京:时事出版社,2010.

[32] 朱立安.国际礼仪[M].广州:南方日报出版社,2001.

后　记

——走过而立　知礼不惑

　　今天是交书稿的最后一天，漫步在校园里，看着身边走过的一群群怀揣着青春梦想、筑梦前行的大学生，不由感叹时光荏苒、岁月匆匆。子曰："吾十有五而志于学，三十而立，四十而不惑"。回首漫漫岁月，大学时代的我本着对中国传统礼仪文化的热爱，在湖南省首家礼仪文化公司做了一名兼职礼仪人员，那时的我参加了远大集团成立十周年庆典仪式、长沙市政工程的奠基仪式、湖南省商业银行的开业庆典仪式。在那些隆重而又庄严的庆典仪式中，礼仪作为中华民族优秀文化的精髓，从此深深地融入了我的身体，我为是一名"礼仪之邦"的华夏儿女而感到无比骄傲和自豪。大学毕业后，我的人生轨迹从一所大学校园来到另一所大学校园，从桃李年华跨过而立之年，如今即将迈入不惑之年，我对礼仪挚爱的初心、教师育人的使命从未改变过。回首二十年的职场生涯，我指导过校园礼仪队，担任过"商务礼仪"课程的老师，参加过礼仪素养、茶艺等礼仪培训，获得了国家级礼仪培训师和茶艺师的资格证书。在步入不惑之年之际，我又有幸加入湖南省礼仪文化研究会，并与宁爱平、申佳两位志同道合的老师共同编写了《商务礼仪》一书。本书由我负责提纲的编写设计和最终统稿。参加本书编写的人员和负责的章节内容分别是：第一章第一节由湖南大学袁涤非老师编写；第一章第二、三节及第二章由长沙高新技术工程学校宁爱平老师编写；第三章，第四章，第五章第二、五节，第六章由衡阳师范学院何芳老师编写；第五章第一、三、四节由衡阳师范学院申佳老师编写。本书系何芳老师主持的2016年度湖南省大学生思想道德素质提升工程辅导员名师工作室项目（项目编号16MS13）的阶段性成果。

　　在本书付梓之际，首先要衷心感谢湖南大学袁涤非教授给我们三位老师提供的学习、研究、实践中国传统礼仪文化的机会；其次要感谢杨林轩、谢雨、邓佳慧、涂敏、宋子恒、童杰、施洪辉、车佳欣、张亚楠等同学的模特示范，欧丽娟老师及刘威、唐蓝婷、庾思琪、蒋子慧、张敏等同学的友情拍摄，曾月园、孙汨佳同学提供的漫画示范，高级茶艺师张丽、朱以萍老师提供的视频和示范照片，钟华、王姗妮、潘涵佳等同学对文稿的校对和排版；最后要特别感谢的是圣得西集团旗下"圣澳威斯"职业装品牌为本书部分模特免费提供的西服、套裙的服饰。

　　"国尚礼则国昌，家尚礼则家大，身有礼则身修，心有礼则心泰。"衷心希望湖南省礼仪文化研究会的全体会员在袁涤非教授的带领下，充分发挥礼仪文化的教育促进作用，将社会主义核心价值观教育和文明礼仪教育有机地结合起来，共同推动文明礼仪内化为观念、外化为行动、转化为习惯，促进社会主义核心价值观落地生根，为传承和发扬中华传统礼仪文化奉献一份力量。

编著者

2018 年 4 月